Volker Klüpfel / Michael Kobr
Zwei Einzelzimmer, bitte!

W0353073

PIPER

Zu diesem Buch

Kommissar Kluftinger reist nicht gern – warum auch, im Allgäu ist es eh am schönsten. Seine geistigen Väter sind jedoch seinetwegen gezwungen, ständig die Koffer zu packen und die Heimat zu verlassen. Zu reisen. Kreuz und quer durch Deutschland. Jede Woche. Gestern zur lit. Cologne, heute zur Verleihung des Bayerischen Fernsehpreises und morgen gar in exotische Länder wie Österreich und die Schweiz. Dieses Nomadenleben konfrontiert die beiden Allgäuer mit ungeahnten Herausforderungen, denen sie sich mutig stellen: Wie verhält man sich auf einem roten Teppich, wenn einen kein Fotograf knipsen will? Welche Allüren sollte man sich zulegen, um in der literarischen Welt ernst genommen zu werden? Und, allen voran, wie macht man den Veranstaltern klar, dass auch für ein Autorenduo ein Doppelzimmer keinesfalls in Frage kommt?

Volker Klüpfel, 1971 in Kempten geboren, studierte Politologie und Geschichte, ist Redakteur in der Kultur-/Journal-Redaktion der Augsburger Allgemeinen und wohnt in Augsburg.
Michael Kobr, 1973 in Kempten geboren, studierte Romanistik und Germanistik, ist Lehrer und wohnt mit seiner Frau und seinen Töchtern im Allgäu.
Klüpfel und Kobr sind seit der Schulzeit befreundet. Nach ihrem Überraschungserfolg »Milchgeld« erschienen »Erntedank«, ausgezeichnet mit dem Bayerischen Kunstförderpreis 2005 in der Sparte Literatur, »Seegrund«, »Laienspiel«, für das die Autoren den Weltbild-Leserpreis Corine 2008 erhielten, »Rauhnacht« und zuletzt »Schutzpatron« sowie »Zwei Einzelzimmer, bitte!«. Sie gewannen 2008 und 2009 die MIMI, den Krimi-Publikumspreis des Deutschen Buchhandels, und wurden 2011 mit dem Kulturpreis Bayern ausgezeichnet. Weiteres unter: www.kommissar-kluftinger.de

Volker Klüpfel / Michael Kobr

Zwei Einzelzimmer, bitte!

Mit Kluftinger durch Deutschland

Mit zahlreichen Fotos

Piper München Zürich

Mehr über unsere Autoren und Bücher:
www.piper.de

Von Volker Klüpfel und Michael Kobr liegen bei Piper vor:
Schutzpatron
Rauhnacht
Laienspiel
Seegrund
Erntedank
Milchgeld

MIX
Papier aus verantwortungsvollen Quellen
FSC® C083411
FSC
www.fsc.org

Originalausgabe
Dezember 2011

Umschlagkonzept: semper smile, München
Umschlaggestaltung: Cornelia Niere, München
Umschlagmotiv: Arne Schultz, München
Satz: Satz für Satz. Barbara Reischmann, Leutkirch
Gesetzt aus der Bembo
Papier: Munken Print von Arctic Paper Munkedals AB, Schweden
Druck und Bindung: CPI – Clausen & Bosse, Leck
Printed in Germany ISBN 978-3-492-27220-9

Inhalt

Vorwort

(beinahe geschrieben von Roger Willemsen)

Sagt Ihnen der Begriff therapeutisches Schreiben etwas? Nicht? Na, dann wurde es ja sowieso mal Zeit, denn Sie befinden sich gerade mittendrin. Vor Ihnen liegt das Ergebnis ungezählter Therapiesitzungen. Jetzt fragen Sie sich, wie ausgerechnet Sie Teil dieses kleinen psycholiterarischen Autorenhilfsprojektes werden konnten? Dazu müssen wir etwas weiter ausholen.

Stellen Sie sich zwei Allgäuer vor, damals noch in der Blüte ihrer Jahre (es ist schon etwas länger her). Die beiden fühlen sich seltsamerweise zum Schreiben berufen und erkennen auch noch Anzeichen rudimentärer Kompetenz bei sich dazu. Sie beschließen also, da sie eh fast keine Freunde haben und meist nutzlos daheim rumsitzen, diese vermeintlichen Fähigkeiten zu nutzen und ein Buch zu schreiben. Und dann passiert das Undenkbare: Das Buch wird ein Erfolg. Ein ziemlich großer sogar. So groß, dass sie raus müssen. Aus dem Haus. Aus dem Allgäu. Ja, aus Bayern. Bis nach Norddeutschland!

Das Leben dieser beiden Allgäuer, nennen wir sie aus Datenschutzgründen einfach mal Richi und Holger, ändert sich schlagartig. Sie reisen fortan quer durch die Republik, besuchen staunend deren Metropolen, sehen mehr Menschen, als es auf Allgäuer Wiesen Kühe gibt …

Irgendwann werden die Eindrücke so überwältigend, wird das gemeinsame Reisen so beschwerlich und seelisch belastend, dass sie beginnen, nicht nur Bücher über einen grantelnden

Allgäuer Kommissar zu verfassen, sondern über sich, ihr Leben als Autoren und Vortragsreisende zu schreiben. Irgendwo muss der Seelenballast ja hin. Das Ergebnis liegt nun in Ihren Händen. Wir … ich meine, Richi und Holger haben schonungslos ausgepackt, denn nur so ist wirklich ein therapeutischer Effekt zu erreichen. Sie schreiben, wie es ist zu schreiben, welchen inneren Schweinehunden man dabei begegnet, wie bissig diese sein können und mit welchen Leckerli man sie besänftigt. Sie erzählen davon, wie man sich fühlt, wenn man als Allgäuer in die Welt hinausgeworfen wird, eine Welt ohne Kühe und sattgrüne Wiesen und allabendliches Alpenglühen, und sie verraten weltexklusiv, wie sie es anstellen, selbst beim größten Promi- und Fotografenauftrieb unerkannt, unfotografiert und unwichtig zu bleiben.

Sehr oft werden Sie, liebe Hilfspsychologen, in diesen Texten dem alles beherrschenden Über-Ich der Autoren begegnen, Kommissar Kluftinger, dem die beiden so viel verdanken und mit dem sie nun ihr literarisches Leben verbringen – in guten wie in bösen Tagen. Sie werden Zeuge des allerersten persönlichen Zusammentreffens des dynamischen Duos mit ihrem Übervater und, auch das kann manchmal Teil einer zielführenden Therapie sein, ihrer unerbittlichen Rache für all die erlittene Unbill: Die beiden schicken Kommissar Kluftinger, diesen unverbesserlichen *Dahoimdrumhocker* (allgäuerisch für Daheimbleiber), nämlich selbst auf Reisen.

So, jetzt sind Sie im Bilde. Wir können nur an Sie appellieren: Helfen Sie diesen armen, verirrten Seelen, indem Sie diese therapeutische Textcollage lesen, loten Sie die Untiefen der Gemütslage zweier Allgäuer aus, begeben Sie sich auf die Reise durch die verschlungenen Windungen zweier Voralpengehirne. Sie bekommen auch ein Einzelzimmer, versprochen.

Allgäu, im Herbst 2011

Postskriptum: Jetzt hätten wir beinahe vergessen, es zu erklären, aber sicher hatten Sie es ohnehin gemerkt: Roger Willemsen hat dieses Vorwort nicht geschrieben. Genauso wenig wie Frank Schätzing, Claus Kleber oder Herta Müller, die übrigens alle in diesen Texten auftauchen und natürlich gar nicht gefragt wurden, ob sie es denn schreiben wollen. Bis auf Roger Willemsen.

Textsammlungen wie die vorliegende haben ja oft einen prominenten Paten. Doch wie Sie im vorliegenden Buch erfahren werden, kennen Richi und Holger keine Prominenten. Das heißt: Sie würden ja schon einige kennen, aber das sind dann doch ziemlich einseitige Bekanntschaften.

Und die Angst des Verlages vor Absagen im Stile von *»Knipfel und Korb, wer soll das sein?«* oder *»Wir schreiben nur was für Kafka, nicht für Kasperl!«* war wohl ziemlich groß. So groß, dass man echte Prominente oder gar richtige Schriftsteller gar nicht zu fragen wagte, ob der oder jener sich ein Vorwort für das neueste Werk aus der Feder eines, das muss man sich mal vorstellen, Allgäuer Autorenduos abringen könnte. So mussten sich die beiden selbst ein Herz fassen. Und als sie endlich so weit waren, Roger Willemsen einen tränenreichen Bittbrief schrieben und dieser sogar zusagte, da hieß es vom Verlag:

Wir drucken übermorgen, keine Zeit auf Herrn Willemsen zu warten, sagt ihr ihm mal wieder ab. Ja, und so wurde das Vorwort eben nur *beinahe geschrieben von Roger Willemsen.*

Aber wir versprechen, das nächste Mal fragen wir gleich den Papst nicht, und den Dalai Lama auch nicht, das klingt dann vielleicht noch besser.

Damit das schon mal klar ist …

Ein bisschen ein schlechtes Gewissen haben wir ja schon, dass wir unseren Kommissar Kluftinger so schamlos für unsere Zwecke (gemeint ist die Anhebung und Sicherung unseres Lebensstils) an die Öffentlichkeit zerren. Aber als uns vor einigen Jahren ein Bekannter, der aus verständlichen Gründen nicht genannt werden möchte (an dieser Stelle ganz herzlichen Dank an Richard Maier), von den unglaublichen Abenteuern dieses Mannes erzählt hat, wussten wir sofort: Das ist pures Gold!

Sicher, bei der ein oder anderen Begebenheit mag es scheinen, als komme unsere Hauptfigur nicht besonders gut weg, doch aus unserer Sicht ist das ja gaaaanz anders. Und Millionen Fans des Kommissars beweisen das: Er ist zu einer echten Identifikationsfigur geworden, zum unfreiwilligen Mahnmal gegen Modernismus und Globalisierung, gegen Anglizismen und Langhammerisierung der Welt.

Wenn man ihn gefragt hätte, ob er gerne zur Gallionsfigur einer solchen Bewegung werden würde, hätte er zwar vermutlich geantwortet: »Du bisch wohl it ganz knuschper!«

Aber wie es eben so ist mit Stilikonen – man kann es sich nicht aussuchen, man wird zu einer gemacht.

Und deswegen waren wir umso überraschter, als wir – nach vielen Jahren erfolglosen Flehens – endlich eine Audienz im Büro des Hauptkommissars bekamen. Nachfolgend das Protokoll dieses außergewöhnlichen Zusammentreffens.

Jeder fängt mal klein an: das erste Foto, das Michi und Volki als Autorenduo von sich selbst gemacht haben. Damit wäre auch die Frage geklärt, wie man sich im Allgäu Schriftsteller vorstellt.

Interview mit dem Kommissar

Von den Autoren (A) wurde das Treffen mit Spannung erwartet: Zum ersten Mal sollten sie mit Kommissar Kluftinger (K) zusammentreffen, dessen beruflichen Alltag und privates Leben sie in ihrer Romanreihe öffentlich machen. Unzählige Fragen hatten sie sich bereitgelegt und danken wollten sie dem Vorzeigepolizisten aus dem Allgäu auch. Doch dann kam alles ganz anders …

A: Grüß Gott, Herr Kommissar, es ist für uns eine große Ehre, Sie …
K: Sie sind das also?

A: Wie meinen Sie?
K: Sie sind die, die das … Zeug da immer schreiben über mich?

A: Ja, das sind wir.
K: (*betrachtet sie lange*) Aha. Na ja, so was hab ich mir schon gedacht. Zwei feine Bürschle seid ihr mir!

A: Wir verstehen nicht ganz …
K: Na ja, ein siebengscheiter Lehrer und so ein Journalisten-Fatzke. Sagt's mal: Geht's eigentlich noch? Wisst ihr, was ich mir jeden Abend anhören kann von der Erika?

A: Aber Sie sind doch jetzt berühmt ... irgendwie.
K: Eben! Meine Frau liegt mir deshalb doch immer in den Ohren: Da hast du's, jetzt wissen alle, wie unordentlich du bist – sogar von deinem Gwandsessel wissen die. Und dass du den Martin Langhammer nicht leiden kannst, ist auch rausgekommen! Überhaupt, wie du wieder aussiehst, mit deinem viel zu engen Trachtenjäckle! Ich hab dir immer gesagt, das rächt sich noch mal ...

A: Aber Sie sind doch ein stattlicher Mann.
K: Aufpassen, Büble, gell! (*beugt sich vor und flüstert*) Sagt's mal, in dem Film, da hat mich doch dieser große, schlaksige Knauf gespielt. Der Erika tät der schon auch gefallen, so von der Statur her.

A: ... Knaup. Herbert Knaup.
K: Ja, wie auch immer, ich halt nicht viel von diesen Schauspielern. Jedenfalls: Könntet ihr mich in den Büchern nicht ein bisschen mehr wie den ... also ich mein, ich hab eh ein bissle abgenommen.

A: Oh, das wär uns jetzt gar nicht aufge... äh, das heißt, doch, toll, Respekt. Ja, da ließe sich eventuell schon was machen.
K: Ja, bittschön. Und jetzt mal zum Doktor. Das ist ja unmöglich, was ihr mit dem anstellt!

A: Finden Sie, er kommt zu schlecht weg?
K: Nein, zu gut! Viel zu gut. Ihr müsstet mal sehen, wie der inzwischen in Altusried rumstolziert. Wie ein Gockel! Und wisst ihr, wie sich seine Sprechstundenhilfe inzwischen am Telefon melden muss? Nein? (*verstellt seine Stimme*) Hier allgemeinärztliche Praxis Dr. Martin Langhammer, bekannt aus Funk und Fernsehen, was kann ich für Sie tun?

A: Wir hatten ja keine Ahnung. Was schlagen Sie vor?
K: Mei, ich weiß auch nicht. So ein kleiner Unfall vielleicht … Nix Schlimmes, nur ein komplizierter Splitterbruch oder so. Dann wär für eine Weile Ruhe. Auch so eine kleine Privatinsolvenz könnt ich mir gut vorstellen.

A: Aber die Leser würden nur ungern auf ihn verzichten.
K: Die Leser? Die Leser sind mir doch scheißegal. Denen ist doch auch wurscht, wie ich mich mit dem Schlaumeier abplagen muss! Sollen die sich doch ihren eigenen Langhammer anschaffen, dann werden sie schon sehen, wie das ist.

A: Die meisten haben ja sowieso schon einen. Aber leider: Wir haben noch viel vor mit dem Doktor. Und mit Ihnen.

Ottacker
Pfarrkirche stand vor der Schließung
Seite 32

Kempten

MONTAG, 22. NOVEMBER 2010 NR. 270

www.all-in.de

Urlauber aus Norddeutschland sucht verzweifelt sein Auto

Polizeibericht Trotz stundenlanger Fahndung zunächst kein Erfolg
Streife findet erst am nächsten Tag den geparkten Pkw

Kempten Verzweifelt meldete sich am späten Samstagnachmittag ein Urlauber aus Wilhelmshaven bei der Kemptener Polizei: Der 48-jährige Mann fand sein Auto nicht mehr. Doch auch die stundenlange Hilfe der Polizei brachte zunächst keinen Erfolg.

Der Urlauber aus Norddeutschland ist gerade zu Besuch in Kaufbeuren und war am Samstag zu einem Einkaufsbummel nach Kempten aufgebrochen. Sein Auto stellte er am Rand der Innenstadt ab und spazierte in die Fußgängerzone. Ausgiebig flanierte er durch die Straßen und war begeistert von den vielen Sehenswürdigkeiten und den Einkaufsmöglichkeiten Kemptens.

Nach seiner mehrstündigen Tour durch die Stadt wollte er wieder zu seinem Fahrzeug zurückkehren. Aber wo hatte er es geparkt? Wie er später der Polizei erklärte, habe er „so viele Eindrücke gesammelt, dass ich völlig die Orientierung verloren habe und nicht mehr wusste, wo ich meinen Wagen abgestellt hatte". Er machte sich zunächst selbst auf die Suche und versuchte seinen Weg zu rekonstruieren – aber vergebens.

Schließlich rief er in seiner Not die Polizei um Hilfe, „denn vielleicht wurde mein Auto ja auch abgeschleppt", wie er den Beamten erklärte. Aber dies war nicht der Fall. So suchte der Mann in Begleitung zweier Polizeibeamter erneut alle möglichen Stellen ab. Da der 48-Jährige aber nur wenige Hinweise auf den Parkplatz seines Autos geben konnte und so fast das ganze Stadtgebiet in Frage kam, musste die Suche nach einer weiteren Stunde erfolglos abgebrochen werden. Eine Streife brachte den Urlauber zum Bahnhof und er machte sich – völlig verzweifelt – mit dem Zug nach Kaufbeuren auf.

Sonntagfrüh dann die Erlösung: Einer Polizeistreife fiel der Wagen ins Auge: Er war ordnungsgemäß in der Westendstraße geparkt. Als die Beamten ihm die frohe Botschaft mitteilten, war die Erleichterung natürlich groß. Der Mann hatte sein Auto wieder. *(sf)*

Wochenmarkt w
Wieder in sein Winterquarti
Königplatz ist der Wochen

Hier ist der Beweis: Nicht nur der Klufti vergisst schon mal, wo sein Auto steht. Na ja, gut, war zwar ein Preiß, aber trotzdem …

K: Ja, hat es denn nicht gereicht, dass ihr die Geschichte mit dem Auto und meinem ersten Flug an die Öffentlichkeit gezerrt habt?

A: Ich fürchte nicht.

K: Ihr seid's doch narrisch! (*denkt nach*) Ich hätt einen besseren Vorschlag. Könnt ihr nicht mal schreiben, wie ich im Theater bin, in der Oper oder so? Im Ballett vielleicht. Recht begeistert wär ich davon. Und wichtige Bücher könnt ich doch lesen und dann schlaue Sachen drüber sagen. Mei, das würd der Erika gefallen.

A: Aber das glaubt uns doch keiner, Herr Kommissar.

K: Nicht, gell? Ja herrgottzack, wie geht's dann weiter?

A: Also, wir dachten daran, vielleicht die Geschichte mit dem geheimnisvollen Handyanruf zum Thema eines neuen Buches zu machen.

K: Na, bittschön nicht. Da steh ich doch bloß wieder da wie der Depp, weil ich das Gerät nicht richtig bedienen kann!

A: Aber Sie haben doch diesen rätselhaften Fall brillant geklärt.

K: Ja, meint's ihr? Ja, gut, ganz schlecht war das nicht. Aber was anderes, ich weiß nicht, ob ihr das schon wisst: Der Maier wird versetzt. Ich hab mich für eine Beförderung starkgemacht. Das war ja nicht mehr auszuhalten mit dem. Er hat sich schon eine eigene Internetseite gebastelt:
www.derberühmtegehilfevomklufti.de

A: Ja, davon haben wir auch schon gehört. Aber wir mussten das leider wieder rückgängig machen. Er bleibt doch in Ihrer Abteilung. Auch ihn wollen die Leser weiter dabeihaben.

K: Im Ernst? Das müssen ja komische Leute sein, eure Leser.

A: Nein, die sind überwiegend sehr nett.
K: Pff! Kann ich mir nicht vorstellen. Wenn es mir mies geht, freuen die sich doch am meisten! Aber jetzt mal unter uns Pfarrerstöchtern: Da kommt doch ganz schön was rum dabei, oder?

A: Wie meinen Sie das?
K: Jetzt stellt's euch nicht blöder als ihr seid. Ich mein bei dem ganzen Buchzeug und die Auftritte, die ihr allweil macht's. Da bleibt doch ziemlich was hängen, oder? (*Er reibt Daumen und Zeigefinger aneinander.*) Diridari, wir verstehen uns.

A: Ach so, ja, gut, wir haben unser Auskommen.
K: Wie wär's, wenn wir uns da auf einen Obulus für mich einigen könnten? Ich mein, nachdem ihr mein Leben da an die Öffentlichkeit zerrt … Und wenn ich mir mein Auto so anschau: Ein neues wär da vielleicht wirklich nicht verkehrt. Meint die Erika ja auch immer. Und das Haus müsst man mal wieder streichen und den Keller fliesen und …

A: Also, ich weiß nicht, Herr Kommissar. Was würde denn der Lodenbacher dazu sagen.
K: (*bekommt große Augen*) Der Lodenbacher? Ach so, ja, nein, das war ja jetzt eh bloß Spaß. Ha! Ich will doch nicht von so einem Geschreibsel profitieren. Liest denn das überhaupt jemand? Ich mein, außer euren Eltern und Geschwistern?

A: Ja, ein paar Millionen.
K: MILLIONEN? Kreizkruzifix, jetzt wundert mich nix mehr.

A: Wieso?
K: Ja, wenn ich zum Verhör erscheine, dann lachen die meisten Verbrecher ja inzwischen nur noch. Und stellen mir blöde Fra-

gen: Na, im Hotel wieder die Pröbchen eingepackt? In letzter Zeit mal wieder Sushi gegessen?

A: Also, diese Sachen stammen ja eigentlich immer vom Volker.
K: Ah, vom Fatzke? Ja, das hab ich mir schon gedacht. Brauchen Sie denn den überhaupt? Sie sind doch Lehrer. Wir beiden Beamten, wir müssten uns doch arrangieren können.

A: Moment mal. Wenn ich mich recht erinnere, kommt von dir die Idee mit der knappen Badehose im Erlebnisbad.
K: Au, das ändert die Sachlage natürlich. Ich hatte ja noch nie was übrig für Lehrer, wenn ich's genau bedenke. Aber so Journalisten, also die haben ja schon eine wichtige Funktion für die Öffentlichkeit und unsere Demokratie und so.

A: Versuchen Sie gerade, uns gegeneinander aufzubringen?
K: Ich? Nein. Um Gottes willen! Nie würd mir so was einfallen. Sagt's mal, wo habt's ihr eigentlich eure Informationen her?

A: Wir haben so unsere Quellen.
K: Das merk ich. Aber ich mein: woher denn?

A: Der Michi hat ja zum Beispiel auch in Erlangen studiert, der kennt den Markus ganz gut.
K: Der Saukrüppel, wenn der mir heimkommt.

A: Bitte?
K: Ach, nix. Bloß laut gedacht.

A: Wir hätten da eine wichtige Frage: Würden Sie uns vielleicht ihre beiden Vornamen verraten? Die Leser wollen die unbedingt wissen.

Kluftinger zeigt ihnen seinen Dienstausweis.

A: Oh … das … tut uns natürlich leid. Das konnten wir ja nicht wissen. Da bleiben wir vielleicht doch lieber bei »Klufti«.
K: Gibt's noch was? Ich müsst langsam wieder was arbeiten.

A: Davon wüssten wir aber.
K: Ihr? Nein, wirklich, bei mir türmen sich die Akten.

A: Wo denn?
K: (*blickt sich um. Sein Schreibtisch und die Schränke sind leer*) Ui, wie habt's ihr denn jetzt des gemacht?

A: Ich bitte Sie, Herr Kluftinger, wir sind Ihre Autoren, wir können alles machen. Im Guten wie im Bösen. Aber das würden wir ja nie gegen Sie ausnutzen …
K: (*steht auf und schiebt die beiden zur Tür*) Also, das wird mir langsam ein bissle … unheimlich. Ich muss dann auch wirklich wieder ans Werk. Einsatz. Das hat mich jetzt ja wirklich sehr gefreut, dass Sie da waren, gell? Und nix für ungut. Jederzeit wieder, wann immer Sie wollen, bloß wenn Sie sich vielleicht vorher bei der Frau Henske anmelden täten, dann bring ich meine Familie mit und die Kollegen, die wollen Sie schon lang mal … pfüa Gott, gell?

A: Wir sehen uns wieder, Herr Kommissar, verlassen Sie sich drauf!

Aerodynamisch, massenhaft Platz, schnee- und frostresistent und unkaputtbar: Kluftis heißgeliebte Familienkutsche.

Zwei Freunde sollt ihr sein: Der Autor und sein Computer

Es gibt eine Frage, die uns seit Beginn unserer Zusammenarbeit immer wieder gestellt wird (und bei der wir, das geben wir offen zu, inzwischen Schwierigkeiten haben, sie immer so zu beantworten, als hätten wir sie just in diesem Moment zum ersten Mal gehört, denn darauf hat der Fragende doch irgendwie ein unveräußerliches Anrecht). Die Frage lautet nicht etwa, wie jetzt viele meinen: Herr Klüpfel (oder Herr Kobr, je nachdem, wem der Fragesteller nähersteht), warum schleppen Se denn diesen unangenehmen Zeitgenossen Kobr (oder Klüpfel, siehe oben) mit sich rum, Sie könnten es doch allein viel schöner haben?

Sicher, das wäre durchaus mal eine berechtigte und intelligente Frage, aber auf die kommt ja niemand.

Nein, die Frage lautet: Wie schreibt man eigentlich zu zweit einen Krimi? Das können sich die meisten Menschen schlichtweg nicht vorstellen. Dabei schreiben wir gar nicht zu zweit, sondern zu viert. Der Kobr, der Klüpfel und ihre beiden Computer. Und richtig kompliziert wird es eigentlich nur durch Letztere. Wie schieben wir sinnvoll Dateien hin und her, wie überarbeiten wir den Text des anderen so, dass er es nicht merkt, wie kann ich einen Virus auf seine Festplatte schleusen, ohne dass er ihn auf mich zurückführt, damit ich beim Schreiben wieder etwas aufhole?

Schwierige Fragen, die Ausdruck einer komplizierten Beziehung sind. Fast sind wir geneigt zu sagen: Die Geschichte des Autors und seines Computers ist eine Geschichte voller Missverständnisse. Aber lesen Sie selbst …

Auch wenn es auf dem Foto anders aussieht: Wir müssen nicht nur zu zweit schreiben, sondern auch zu zweit lesen. Manche trifft das Schicksal eben besonders hart.

Der Klufti in uns

Von Volker Klüpfel

Das ist jetzt eigentlich gar kein richtiger Tagebucheintrag, eher ein Intermezzo, eine kleine Erklärung, ein Offenbarungseid. Und, okay, zugegeben: Es müsste eigentlich heißen: Der Klufti in mir. Denn es geht hier um mich, um mich undnochmalummich. Um mich und mein technisches Unvermögen. Nicht um das der Menschen um mich herum. Aber erstens klingt »in uns« besser und zweitens gibt mir allein der Gedanke etwas Selbstachtung zurück, dass vielleicht auch andere so kläglich gescheitert wären wie ich. Nicht nur Klufti …

Aber hier ist die ganze traurige Geschichte. Die Geschichte eines jungen … ja, ja, schon gut: eines mitteljungen … Herrgott, na gut, eines mittelalten Mannes (jetzt zufrieden?), der sich, als Angehöriger der Web-2.0-Generation, als Mitglied der Informationselite, als geschmeidiger Surfer durch die Netzwelten – und, wie sich rausstellt: Computerdepp – aufmachte, einen Kluftinger-Blog in unserer (oder heißt es: auf?) Homepage zu installieren. Denn das tun die aufgeklärten jungen … und mittelalten Menschen heutzutage: Sie twittern, mailen, bloggen, smsen, chatten, skaipen und eisikjuen (das kannten Sie jetzt nicht, hm? ICQ, ha, immerhin mit den Begrifflichkeiten kenn ich mich aus), als gäbe es kein Morgen mehr.

Doch vor dieses Morgen haben die Götter das Heute gesetzt, oder mindestens das (Morgen-)Grauen, und das heißt in diesem Fall: Bitte registrieren Sie sich. Denn ohne Registrierung kein

Blog, das ist klar, denn der Webspace (wieder so ein toller Begriff, den ich so selbstverständlich benutze, wie ich morgens meinen Computer einschalte, also, nachdem ich die Steckdosenleiste angeknipst und den Router per Resetknopf zum Laufen gebracht habe, wobei ich dann nur noch die Antennen ausrichten muss, wobei ein kleines Stück Schokoladen-Alufolie die Sendeleistung erhöht, wie ich festgestellt habe) ist zwar irgendwo da draußen, aber er muss ja mir erst einmal zugewiesen werden.

Für unsere Homepage haben wir einen Webmaster (wobei ich mich immer frage, ob wir, obwohl wir dafür bezahlen, dann eigentlich seine Webdiener sind? Und, by the way: Gibt es in diesem Network eigentlich noch irgendjemanden, der German spricht?). Der erledigt das für uns, aber manchmal packt mich die Eitelkeit gepaart mit einem guten Schuss Hybris und ich denke mir: Kann ich doch auch selber. Ich mein, hallo: Ich hab mir erst neulich eine Computerzeitschrift gekauft und damit in schlappen zwei Wochen meine WLAN-Verbindung eingerichtet, das wird nicht einmal zwei Minuten dauern, dann bin ich da … Moment, sehe gerade, dass mit einer Registrierung immer nur einer bloggen kann. Hm, dumm jetzt, es gibt gar keine Anmeldungsmöglichkeit für Autorenduos. Haben die wohl vergessen in dem Netz da, ganz schön nachlässig … Aber ich hab den anderen, den Kobr, nun mal am Hals, also muss ich da irgendwie anders weiterkommen.

Was für eine Adresse geb ich da denn jetzt eigentlich für die Anmeldung an? Nicht, dass die (und wer sind *die* überhaupt?) noch denken, wir wohnen zusammen, der Kobr und ich. Und den Blogger-Namen muss ich auch ändern, weil der muss ja für uns beide passen. Hübscherjungerundbescheidenermann eignet sich also nicht. Hm, wo mach ich jetzt das? Mist, geht nicht. Muss beim Webmaster anrufen. Egal, der hilft seinem Diener schon.

Das kann nur der Administrator, heißt es da.

Ach so, ja, danke. Nur gut, dass ich nicht Klufti bin, der würde jetzt wahrscheinlich im Telefonverzeichnis nach einem Wolfgang Administrator suchen … Ich dagegen – weiß eigentlich auch nicht, wer das ist. Also, was er macht, schon, aber wer ist das? Gut, noch mal anrufen. Administrator bin ich selbst. Gut zu wissen und – schwupps, Name geändert.

So, jetzt nur noch ein Bild uploaden … kreizkruzifix, wie geht das denn nun wieder? Da ist ja gar kein Button zum … okay, noch mal anrufen. Der Webmaster denkt jetzt auch: Nun weiß ich, von wem der Kommissar die Internetschwäche hat. Egal, noch mal fragen.

»Sie haben aber schon die Anmeldungs-E-Mail bestätigt?«

Die Anmel… jajaja, natürlich, sicherlich, no question, das hab ich sofort als Erstes gemacht, ha, wer vergisst denn so was, das ist doch das Allerallerwichtigste überhaupt.

Jetzt schnell auflegen, E-Mail-Programm booten, Mail confirmen – ui, es geht! Ich bin drin. Mit Bild, jawoll. Und eine Nachricht hab ich schon. Vom Administrator höchstpersönlich. Er (sie? ich?) heißt mich willkommen in der Community. Hat die (er? ich?) da extra auf mich gewartet? Mei, das ist so schön, thanks, da kommen mir echt die Tears 2.0, could this only der Klufti erleben.

So, genug jetzt. Wie gesagt: War eigentlich gar kein richtiger Tagebucheintrag. Eher eine Therapiesitzung. Danke fürs Zuhören.

Wie ich einmal einen schweren Ausnahmefehler beging

Von Volker Klüpfel

Ich muss Ihnen heute etwas gestehen. Ich arbeite ja nicht allein, sondern im Team. Zu zweit, also vielleicht kein richtiges Team, eher eine Notgemeinschaft. Ein Team geht eigentlich erst dann los, wenn man gegen jemanden, den man nicht mag, Koalitionen mit anderen Teammitgliedern bilden kann, um ihn rauszumobben. Das geht nicht, wenn man zu zweit ist. Auch mit Mehrheitsentscheidungen tut man sich leichter, wenn es sich nicht nur um ein Duo handelt. Die Zweiersituation ist aber eigentlich auch kein richtiges Problem – vorausgesetzt, man mag sich.

Ich aber hasse meinen Partner.

Wobei ich kaum Partner sagen kann, denn jeden Tag mutet er mir aufs Neue derart Unglaubliches zu, dass ich manchmal vermute, es sei sein eigentlicher Daseinszweck, mir das Leben zu vergällen. Von oben gesandt als eine der Sieben Plagen. Ach, was heißt da eine? Alle Sieben Plagen zusammen. Ich traue ihm alle Schlechtigkeit der Welt zu und bin ihm trotzdem ausgeliefert, weil es ohne ihn nicht geht.

Jetzt wissen Sie es. Ich verachte meinen Computer. Ja, genau, von dem rede ich, was dachten Sie denn? Und ich glaube, er weiß das auch. Denn unsere täglichen Arbeitssitzungen werden immer wieder durch lautstarke Streitigkeiten unterbrochen, die durchaus auch einmal körperliche Gewalt beinhalten können. Finden Sie übertrieben? Nur ein Beispiel:

Als ich, nennen wir ihn mal *Nemesis*, als ich *Nemesis* also heute Morgen einschalte, ploppt er eines seiner garstigen Fenster auf. Sie wissen schon: blauer Rand, graue Füllfarbe, die nur einem einzigen Zweck dienen: uns Computerbenutzer mit kryptischen Nachrichten an den Rand des Wahnsinns zu treiben – und manchmal noch einen Schritt weiter (SUWIN verursachte eine allgemeine Schutzverletzung in Modul SETUPX.DLL). Bin ich Suwin? Nennt er mich so? Aber womit sollte ich ihn verletzt haben? Ich habe ihn ja die ganze Nacht nicht angefasst. Oder war es vielleicht genau das? Erwartet er auch nachts meine tastenden Hände auf seinen handlichen Tasten?

Jedenfalls ist er sauer und ich machtlos. Der Tag ist praktisch gelaufen, wie neulich, als er mir einen schweren Ausnahmefehler vorgeworfen hat. Na, hallo, jeder macht mal Fehler, aber deshalb gleich so ausfallend zu werden? Und was kann ich dafür, wenn die Speicheradressen nicht gefunden werden? Ich hab sie nicht verlegt, aber ich darf es ausbaden.

Ja, und wenn wir dann überhaupt nicht weiterkommen, auch gutes Zureden, Streicheln oder manchmal auch etwas festeres Tätscheln nichts hilft, dann wird damit gedroht, in den abgesicherten Modus zu wechseln. All das ohne brauchbaren Hinweis auf Möglichkeiten, mein Fehlverhalten wiedergutzumachen. Ins Zwischenmenschliche übersetzt ist das so, als befinde die Lebenspartnerin: »Also, wenn du da nicht selbst draufkommst, dann gibt es zwischen uns nichts mehr zu sagen.«

Auch mit meinen (*leeren*, aber woher weiß er das) Drohungen laufe ich regelmäßig gegen die Wand: Wenn ich beispielsweise sage: Ich formatiere dich neu, zeigt er mir einfach sein sarkastisches Dauergrinsen (*blauer Bildschirm*).

Die Worte: »Ich steig um auf Apple«, beantwortet er lediglich mit einem gleichgültigen Schulterzucken (*Hilfe und Support kann nicht geöffnet werden. Starten Sie Hilfe und Support, um dieses Problem zu beheben.*).

Neulich dann der Tiefpunkt unserer Hassliebe – das Wort »Beziehung« scheint deplatziert: *Versuch, verschachtelte Maskenereignisse auszuführen.* Hä? Wie bitte? Nein, ich verlange ja gar keine Maskenereignisse. Und schon gar nicht, wenn sie verschachtelt sind. Tu einfach nur deine Arbeit, so wie ich, wenn ich nicht damit beschäftigt bin, mich mit deinem verkorksten Innenleben zu beschäftigen.

Oder ist das alles Teil eines großen Plans? Einer Weltverschwörung der Softwareprogrammierer? Aber halten die uns für so blöd? Glauben die, wir vermuten kleine Männchen in den Maschinen, die mit kleinen Filzstiftchen den Bildschirm mit all den Fensterchen bemalen, mit denen wir uns dann rumärgern müssen? Jede Erklärung des PC-Innenlebens mithin sinnlos? Oder lachen die sich ins Fäustchen beim Verfassen derart kryptischer Fehlermeldungen? Quasi »Verstehen Sie Spaß« mit der versteckten Webcam? Oder, und das ist die beunruhigendste Vermutung, wissen die selbst nicht, was in den Computern vorgeht und verschachteln diese Erkenntnis in Maskenereignissen?

Ich werde wohl nie eine Antwort auf diese Fragen bekommen. Allerdings ist für heute mein Leben gerade noch mal gerettet, denn was mir da morgens schadenfroh entgegenleuchtete, war gar keine Fehlermeldung, nur die Aufforderung meines Internet-Webmasters (schon wieder der!), mein Kennwort zu ändern, und zwar von nun an bis in Ewigkeit alle drei Monate, wegen der Sicherheit und überhaupt. Tag also doch irgendwie im Eimer, auch ohne Fehlermeldung. Weil: Woher ein gutes neues Kennwort nehmen? Wo doch schon das letzte alles Hirnschmalz gekostet hat? Merken muss man sich's können (*a#xGht_eR4%u* fällt damit weg), unknackbar soll's sein (*meinpasswort* und *volkerkluepfel* auch nix).

Was nun? Meine Bank-PIN, um mein Hirn vor Kennwortmüll und daraus resultierender neuronaler Schutzverletzung zu bewahren? Aber will ich, dass mein Master auch noch meine PIN hat?

Moment, grade neues Fenster aufgeploppt: Kennwort sofort eingeben, sonst wird System heruntergefahren. Verdammt, wie jetzt? Ich bin noch nicht bereit! Was, wenn mir nichts Originelles einfällt, wenn mein Kennwort schon vergeben ist, wenn dies meine letzte----------------

User unknown

Der Herr Kobr sieht mit den Mickymaus-Ohren schon irgendwie niedlich aus, oder? Aber der Schallschutz vor dem ständigen Redefluss von Herrn Klüpfel ist halt unerlässlich – das schreibt die Berufsgenossenschaft so vor.

Lasset die Arbeit beginnen: Von Anstrengungen und Ablenkungen

Eine *Vermeidungsstrategie*, sagt der Duden, ist das »planvolle Vermeiden von Unangenehmem«.

Wenn Sie an einen Autor denken, stellen Sie sich vermutlich einen weltabgewandten, selbstvergessenen Berserker vor, der sich in sein eigenes Universum verkriecht, bis er seine Geschichte erzählt, das Buch geschrieben hat. Dann kriecht er aus seiner Schreibhöhle, blass und ein wenig anämisch, fährt auf die Buchmesse, feiert dort wilde Partys, wo er kokst und säuft, dann geht der Schreibprozess weiter.

Nun ja, das entspricht, wenn wir ehrlich sind, nicht ganz der Wahrheit. Jedenfalls nicht unserer. Schreiben ist wie Gebären, zumindest stellen wir es uns als Männer ähnlich vor … Ein wirklich schmerzlicher, anstrengender Prozess, bei dem lediglich das Ergebnis befriedigend ist. Im Idealfall ist natürlich beim Gebären und bei dem, was damit zusammenhängt auch der Anfang … lassen wir das.

Deswegen sind schwache Menschen, Menschen, die nicht soldatisch diszipliniert und über die Maßen zielorientiert sind – also: wir –, gefährdet, sich von allem und jedem ablenken zu lassen, ja, die Zerstreuung beim Schreiben geradezu zu suchen.

Sei es die Fliege, die unser Sichtfeld kreuzt und sofort Gedanken in Gang setzt über das Sein der Fliege an sich und die Frage, ob das nun wohl der Papa einer großen Fliegenfamilie ist oder doch eher die Mama auf einem kurzen (Achtung, Wortspiel:) Ausflug; sei es das Wetter, das draußen ja immer irgendwie ist – eine der liebsten Ablenkungen übrigens.

Außer vielleicht dem Mailchecken, das auch für so herrliche Zerstreuung sorgt und fast so viel Erholung bringt wie früher die Pausenzigarette, als man noch rauchen, koksen und saufen durfte.

All diese kleinen geistigen Reisen haben – wie bei uns auch oft die großen – nur ein Ziel: nicht schreiben zu müssen. Und genau darüber kann man wunderbar schreiben.

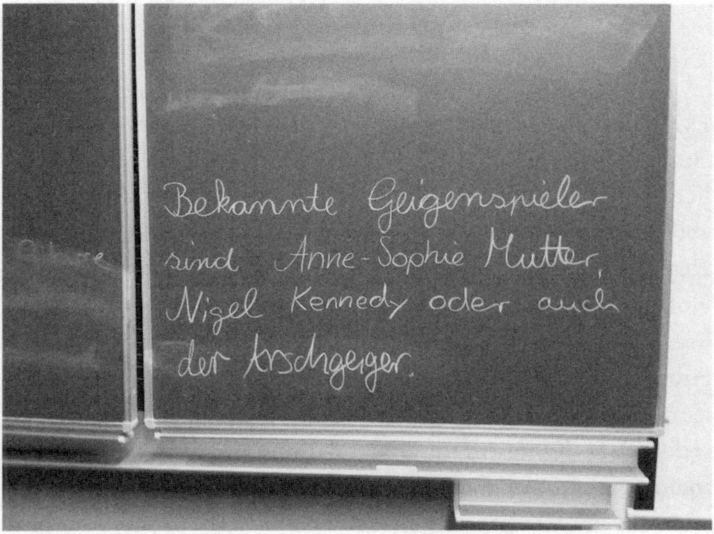

Nicht nur während der Schreibarbeit lassen wir uns gerne ablenken. Hier war unsere Garderobe während einer Lesung ein Klassenzimmer, ein Musiksaal sogar. Da kann es schon mal zu einer Modifizierung des dort vorgefundenen Tafelbildes kommen. Wer auch immer dafür nachsitzen musste: Nix für ungut!

Namen sind Schall und Schützenfest

Von Volker Klüpfel

Es ist immer ein großer Moment für einen Autor – oder ein Autorenduo, wenn der Titel des neuen Buches feststeht. Natürlich geben wir unseren neuen Büchern erst mal Arbeitstitel, aber die sind eher prosaischer Natur. Also, etwa »Neues Buch«. *Rauhnacht* hieß bei mir »Poirot«, Laienspiel »Terror« usw. Vereinfacht für einen selber den Umgang mit dem noch namenlosen Werk, auch wenn Michael und ich immer verschiedene Arbeitstitel haben, was die Sache dann doch wieder verkompliziert. So hieß bei mir unser neues Buch »Schatz«, bei Michael »Klufti VI«. Keine Ahnung, was das nun über uns aussagt, aber irgendwie muss man die Ordner im PC schließlich benennen.

Natürlich wissen wir den Titel dann immer schon ein bisschen vor der offiziellen Bekanntgabe, aber irgendwann kommt er raus und wir müssen nicht mehr sagen: »Nein, keeeeeine Ahnung wie das Buch heißen wird, Titel haben wir noch nicht, das dauert noch mindestens … lange.« Dieser Satz stimmt aber zumindest für die ersten drei bis vier Monate des Entstehungsprozesses und ich kann Ihnen verraten: Das Finden eines passenden Titels ist das, was die Amerikaner »a pain in the ass« nennen, also kein wirklich beglückender Vorgang. Und man kann sich damit trefflich von der eigentlichen Arbeit abhalten.

Das geht schon damit los, dass man ja mitnichten frei ist in der Namenswahl. Ich meine, sicher, irgendwie wird der Titel vom Inhalt mitbedingt, aber da kann man eine Menge tricksen. Wissen Sie als Leser später ja nicht, ob der Inhalt zuerst da war oder der Titel und was wir nachträglich alles geändert haben, nur damit der Titel einigermaßen plausibel und treffend erscheint, ja, eigentlich kein anderer denkbar ist. Also, jetzt nur mal hypothetisch gesprochen, nicht, dass wir das jemals so gemacht hätten …

Neben der lästigen Erwartung der Leserschaft, der Titel möge irgendwas mit der Handlung zu tun haben, resultiert die Unfreiheit aber vor allem aus einer deutschen Eigenheit: nämlich der, mit den Titeln möglichst eine, auch ein schönes deutsches Wort, »corporate identity« zu schaffen. Frei übersetzt: Die Titel sollen so klingen, dass der Leser gleich weiß, dass das Buch aus der Reihe ist, wo der Kommissar aus dem Allgäu mitspielen tut. Ich persönlich behaupte, damit unterschätzt man die Leser, aber das ist den Verlagen nicht auszutreiben, und schließlich – wissen tut es keiner so genau, und was, wenn die Leser doch nicht … Lassen wir das.

Ergebnis sind dann jedenfalls Buchreihen wie die von Stieg Larsson, bei denen man nicht mehr auseinanderhalten kann, ob man nun zuerst *verblendet* und dann *verdammt* wurde oder doch eher die *Verheißung* der *Verklemmung* folgt … Bestimmt haben deswegen viele aus Versehen die Bücher mehrmals gekauft, weil sie sich nicht mehr sicher waren, welches sie denn nun schon gelesen haben. Sollte das funktioniert haben, dann muss man aus rein ökonomischer Sicht natürlich sagen: Reschpekt. Vielleicht wären dann für uns sogar Titel wie Milchwerk, Michlbart, Muttermilch und dergleichen sinnvoll.

Oder nehmen Sie Stephen King. Jetzt hat der sein erfolgreichstes Buch *It* genannt, was im Deutschen folgerichtig mit *Es* übersetzt wurde. Sein nächster Thriller hieß dann im Original *Misery* – und auf Deutsch *Sie*. Es folgten Titel ähnlicher Knappheit wie *Tot*, *Schwarz*, *Drei*. Kann er mal froh sein, dass er sein Buch nicht »Am« genannt hat, sonst hätten die nächsten beiden auf Deutsch wahrscheinlich »Dam« und »Des« geheißen.

Sie verstehen also die Problematik. Wir haben unser erstes Buch, noch frei von irgendwelchen Zwängen (da kleiner Einmannverlag in Memmingen und wir zu zweit) *Milchgeld* genannt. Auch beim zweiten Buch (ebenfalls im kleinen Verlag zuerst erschienen) waren wir noch frei, sonst hätte das wahrscheinlich schon *Käsegroschen* heißen müssen. Und dennoch haben wir einen entscheidenden Fehler gemacht, für den wir nun bei jedem neuen Buch bezahlen: Wir haben wieder ein zusammengesetztes Hauptwort genommen, gedankenlos, intuitiv, nichtsahnend: *Erntedank*. Hätten wir gewusst, wie sehr wir uns da festlegen, hieße unser zweites Buch heute: *Kluftingers neuer Fall mit der Krähe auf der Leiche, den wo der Kommissar aber bald aufklärt.*

Tja, zu spät, da nutzt alles Jammern nichts. Aber manchmal war uns schon zum Jammern zumute, zum Beispiel damals, als in einer Verlagsrunde (großer Verlag) für unser drittes Buch *Seegrund* der Vorschlag kam: »Nennen Sie es doch *Schützenfest*.« Auf unseren zaghaften Einwand, dass in dem Buch ja gar kein Schützenfest vorkomme und es eigentlich viel mehr um den See und das Geheimnis darin gehe, wurde uns entgegnet: »Dann schreiben Sie halt ein Schützenfest rein.« Nicht, dass wir uns da falsch verstehen: Ich finde Schützenfeste toll und das Wort »Schützenfest« auch einen tollen Titel und ich würde mich sehr freuen, irgendwann einmal ein Buch mit diesem Titel zu lesen. Aber na ja, alle unsere Ideen für die Zukunft sind leider schützenfestfrei.

Wir sind jetzt eh erst mal froh, dass wir überhaupt wieder einen Titel für unser Buch gefunden haben. Das hat auch wieder viele Nerven gekostet. Stundenlange Auto- und Zugfahrten, in denen Michael und ich uns nur mit zusammengesetzten Hauptwörtern unterhalten haben: »Meisterstück« – »Abendmahl« – »Eismadonna« … das nimmt bizarre Formen an und irgendwann ist man nicht mehr fähig, in ganzen Sätzen zu sprechen. Wobei unsere Unterhaltungen eh meist ziemlich einsilbig verlaufen, insofern ist ein zusammengesetztes Hauptwort ja geradezu ein echter Redeschwall. Manchmal kriegen wir auch Vorschläge von Lesern für neue Bücher, was aber meist die Schützenfest-Problematik beinhaltet, dass die ja gar nicht wissen können, worum es in dem neuen Buch eigentlich geht.

So, jetzt aber genug, das ist alles Jammern auf hohem Niveau, andere Menschen haben echte Probleme. Denen wende ich mich jetzt auch wieder zu – also meinen, nicht denen von anderen.

Jetzt ist mir, als hätte ich irgendwas vergessen … Ach ja, erwähnte ich eigentlich schon den Titel? Es wird Sie nicht überraschen, dass es sich um ein zusammengesetztes Hauptwort handelt.

Schutzpatron.

Und somit schließe ich mit einem herzhaften: Textende.

Wie wir auf den Namen *Milchgeld* für unser erstes Buch gekommen sind, wissen wir nicht mehr.

Allerdings haben wir im Nachhinein eine ziemlich genaue Vorstellung …

… warum unsere selbst gemachten Coverversuche gescheitert sind.

Suchbild: Auf dieser Abbildung ist mindestens ein Rindvieh versteckt. Finden Sie es!

Frechheit oder: Die Sache mit dem Schnee

Von Michael Kobr

So eine Frechheit! So eine unglaubliche Sauerei! Fuchsteufelswild bin ich! Aber lassen Sie mich die Sache von Anfang an erklären. Ganz in Ruhe.

Also: Wir müssen es nicht mehr extra betonen, wir sind Allgäuer. Das bringt man mit nichts weg. Man ist es und bleibt es. Manche Dinge ändern sich nicht. Und das ist auch gut so.

Ebenfalls nicht extra hervorheben müssen wir, dass wir hier bei uns im Allgäu nicht nur die schönsten Berge gebaut haben, also die Allgäuer Alpen, sondern auch maßgeblich an der Erfindung einer Jahreszeit beteiligt waren, die sich früher Winter nannte, die man jetzt aber eher unter dem Namen Schneechaos-Saison oder Powderwochen kennt. Schnee und Allgäu, das gehört zusammen wie Käs und Spatzen.

Gut, in Grönland ist es manchmal im Winter auch ein bissle überzuckert, in Teilen von Alaska und angeblich auch in Norwegen soll es hin und wieder schneien. Ach ja, und nach Russland haben wir die Lizenz verkauft. Sibrien und so, kennt man ja.

Bislang aber war klar: Wenn es in Deutschland Schnee gibt, dann fällt bei uns am meisten. Mindestens … zehnmal so viel wie anderswo. Und wenn es in Oberbayern mehr gab, dann haben wir nicht so genau hingesehen. Was immer schon so war, das ist Gewohnheitsrecht. Und das wird irgendwann so behandelt wie ein Grundrecht. Ein Menschenrecht quasi. Oder so ähnlich war das jedenfalls.

Wir haben hier ja auch unsere eigene Schneehierarchie. Klar, dass es im Oberallgäu mehr gibt als im Ostallgäu, vom Unterland ganz zu schweigen. Je nördlicher im Allgäu, desto uncooler im Winter!

Es gibt Wettbewerbe zwischen benachbarten Dörfern, wer mehr hat und bei wem die weiße Pracht schon bis zum Badfenster geht. Ganz davon zu schweigen, dass es früher Winter gab, wo er bis zur Dachrinne reichte. Mindestens. Wer am meisten Zentimeter zu bieten hat, also im Garten, nicht falsch verstehen jetzt, der ist der King. Will sagen, der Schneekönig. Der kann alle Frauen haben. Glauben wir jedenfalls.

Stolz fuhren wir schon früher gen Ulm oder Augsburg, mit Tempo 80 auf der Autobahn, damit die gigantische 30-Zentimeter-Autodach-Schneemütze nicht in Mitleidenschaft gezogen wurde. Um dann durch die Innenstadt zu cruisen und den Leuten zu zeigen, was es bedeutet, in einer der wildesten Regionen der Welt zu leben. Zu überleben. Wir stiegen aus, bereit, uns mit den Moonboots und der Mega-Survival-Daunenjacke den neugierigen Fragen der Flachlandtiroler zu stellen.

»Ja, ja, sicher, es ist hart, zwanzig Zentimeter im Garten liegen zu haben. Aber wir kämpfen uns einfach durch. Wir haben da so etwas, das heißt Schneeschaufeln, Winterreifen und Handschuhe, wisst ihr? Kennt ihr hier natürlich nicht. Das macht das harte Leben ein bisschen erträglicher«, pflegten wir dann zu sagen.

Und nun? Kümmert keinen mehr! Von wegen: Wer hat's erfunden? Überall haben sie jetzt schon Schnee!

Frankfurt am Main! Am Main!! Anfang Januar waren wir dort beim Lesen. Bei uns: Skifahren Fehlanzeige. Und dort? Kommen uns Langläufer im Park entgegen.

Regensburg: 20 cm Neuschnee während der Lesung. Danach der hoffnungsvolle Anruf zu Hause. »Und? Badfenster?« Und gleich danach die Enttäuschung: »Na, bei uns tut's nix!«

Beliebter Sport auf unseren Lesereisen: Herr Kobr stellt berühmte Gemälde der Kunstgeschichte nach. Hier: »Mona Lisa«. Ach nein, falsch. »Der Schrei« von Edvard Munch.

Schnee in Berlin, in Rostock bricht der öffentliche Verkehr zusammen und in Hamburg gibt's 'ne Loipe auf der Alster! Wir machen uns ja zum Gespött der Leute! Wir lesen aus *Rauhnacht*, erzählen, dass der Klufti eingeschneit ist. Und bekommen nach der Lesung grinsend einen Zeitungsausschnitt zugesteckt, auf dem die aktuelle Schneehöhe von Sonthofen verzeichnet ist. 7 cm. Danke fürs Gespräch! Das ärgert mich noch, als wir kurz darauf zum Hotel stapfen. Durch 30 cm Schnee. In Reck-ling-hau-sen!

Brauchen die doch gar nicht, den ganzen Schnee. Nehmen wir mal Usedom. Oder Fehmarn. Was wollen die jetzt mit Pulverschnee? Wir gehen ja auch nicht her und bauen uns ein Meer! Wir sehen nämlich ein: Brauchen wir nicht. Wir hätten ja noch nicht mal einen Strand!

Aber die? Schneeverwehungen, Nächte im Auto mit Notfalldecken, Schneepflüge, Schneefräsen … all das, wovon ein Allgäuer Junge schon im Mutterleib träumt! Nachmacher!

Jetzt hat es ja immerhin ordentlich geschneit am Wochenende. Ich also gleich mein Auto rausgestellt, wegen der Schneehaube und so. Hab mehrere Bekannte und Verwandte in ganz Deutschland angerufen. Wegen der Badfenstersache. Waren recht beeindruckt, muss man sagen. Und was hörst du kurz drauf im Radio? In Mecklenburg fällt die Schule aus und die Rügenbrücke ist gesperrt. 45 cm Neuschnee.

Ich muss jetzt los. Kein Flöckchen Schnee fällt mehr vom Himmel! Freunde aus Nordhessen haben für morgen ihren Besuch angekündigt. Sie wollen das mit dem Fenster unbedingt sehen. Hab gar nicht dran gedacht, dass wir ja das Bad im ersten Stock haben. So teuer kann so eine Schneekanone auch nicht sein, oder?

Der Herr Klüpfel immer mit seinem modernen Handyzeug!
Das nimmt uns jegliche Ernsthaftigkeit im täglichen Streifendienst!

Vuvuzela oder so

Von Michael Kobr

Hören Sie mir auf mit den Vuvuzelas. Ich will einfach nur noch meine Ruhe. Nein, nein, nicht vor den Tröten. Vor der Berichterstattung über sie. Ich kann es nicht mehr sehen! Morgens schlage ich meine Zeitung auf und schaue in einen Schalltrichter aus Kunststoff. Ein riesiges Bild, in eine Afrikatröte reinfotografiert. Ist nur ein Überblicksartikel, der auf die mannigfachen Berichte hinweist. Auf der Sportseite, der Meinungsseite, der Jugendseite, der Bayernseite und der Allgäuseite. Lasst mich in Frieden!

Kauft sie, verbietet sie, verschenkt sie, zerstört sie, blast hinein, bastelt euch Stiftehalter für euren Schreibtisch draus, macht riesige Blasrohre für Megapapierkügelchen damit und gebt sie euren Kindern mit in die Schule, schreddert sie und modelliert neue Stadionsitze für die nächste WM, verwendet Sie als Hörrohr, haut euch damit, schnallt sie euch auf den Kopf, von mir aus esst sie auch – aber bitte, bitte berichtet nicht mehr drüber! Und macht keine lustigen Vuvuzelawitzchen, ihr privaten Radiosender da draußen, ja? Biiittteeeee!

So, so viel dazu. Musste einfach mal raus. Wahrscheinlich nennt man dieses Phänomen »Therapeutisches Schreiben«. Und Sie müssen es jetzt lesen. Tut mir leid, ist aber wahnsinnig gut für meine Seelenhygiene. Muss ich schon nicht ins Sanatorium. Somit helfen Sie mit der Lektüre dieses Textchens dem deutschen Gesundheitswesen.

Nun also zu dem, was ich eigentlich schreiben wollte: Klufti und wir und Fußballgroßveranstaltungen. Eigentlich etwas, was nicht so recht zusammenpasst auf den ersten Blick. Normalerweise eher eine ruhige Zeit, weil man da keine Veranstaltungen machen kann. Man weiß ja nie, ob es die Deutschen mal wieder bis ins Finale schaffen.

Mir wäre es ja wurscht. Ich gehöre für echte Fußballfans eh in die unterste Schublade. Ich war immer reiner WM-EM-Spielederdeutschen-Championsleaguefinaleabernurwennbayernmünchendabeiist-Zuschauer. Und die haben bei den Fußballbegeisterten noch einen schlechteren Rang als lesbische Frauenrechtlerinnen, glaub ich.

Wenn was anderes ist, dann guck ich gar nicht. Auch nicht Frauen-WM, und wenn das hundertmal politisch unkorrekt ist. Ich hab auch gar keine Spiegelkondome in den Nationalfarben am Auto, geschweige denn Scheibenfahnen, die es dann bei Tempo 180 auf der Autobahn zerfetzt, und ich mal mir nie eine Flagge ins Gesicht. Ich setz mir auch keine Hüte auf oder Kappen, die wie explodierte Fußbälle aussehen. Ich hab weder eine eigene, selbstkühlende Fasszapfanlage für den Garten aus dem Fan-Set dieser großen Bremer Brauerei noch esse ich Chips, und wenn ich am Abend eines Fußballspiels grille, dann höchstens mal ein paar Steaks oder Würstchen, aber nie den Bruzzler. Ich meide Public Viewings und habe bisher Fußballstadien nur dann betreten, wenn gerade nicht gespielt wurde. Und – jetzt seien Sie nicht allzu sehr schockiert, ich weiß, ich bin Deutscher, aber: Ich trinke nicht mal Bier! So, jetzt isses raus. Musste mal gesagt werden. Dafür hab ich sogar ein kleines, schon mehrfach mit Tesa geklebtes Deutschland-Papierfähnchen. Hab ich mal beim Tag der offenen Tür in der Schule verwendet, um die deutsch-französische Freundschaft darzustellen. Das reißt es jetzt auch nicht mehr raus, gell?

Vor viereinhalb Jahren wäre ich mit meinem Verhalten noch

ein ganz normaler Mainstream-Deutscher gewesen. Bis auf die Sache mit dem Bier. Jetzt bin ich eine Randgruppe. Stehe im Abseits, wenn ich dieses Bild mal bemühen darf. Eine erbärmliche Existenz am Rande der Gesellschaft! Nix mit Sommermärchen. Niemand hat mich mitgenommen nach Fußballwunderland. Ich bin irgendwie im Jahr 2005 stehen geblieben, glaub ich.

Und jetzt isses mir egal. Jetzt machen wir Lesungen während Halbfinalspielen. Für alle, die auch kein Asyl in Fußballdeutschland bekommen haben. Vor vier Jahren haben wir das auch schon mal gemacht. Sie wissen schon, WM im eigenen Land. Alle haben sie den Kopf geschüttelt über den Termin. Und alle sind gekommen. Also zur Lesung, mein ich. Ausverkauft. Dabei war Halbfinale gegen Italien. Gab eh Verlängerung, so gesehen hatte man nach zwei Stunden nicht allzu viel verpasst.

Auch die Augenklappe hat Herrn Kobr keinen zusätzlichen Erfolg bei den Damen gebracht, genauso wenig wie Herrn Klüpfel die Wischmoppfrisur.

Und dann Südafrika: Lesung im Tollwood in München – 1700 Leute bei uns – neunzig Prozent Frauen, das Olympiastadion mit Public Viewing in Hörweite. Und wissen Sie was? Klar wissen Sie's: Keiner hat gejubelt, und als es aus war, hatte Deutschland verloren. Aber bei der nächsten WM, da mach ich was Krasses. Da stelle ich mich voll gegen den Trend, mache mich bereit, um etwas zu machen, was nur geht, während ganz Deutschland seiner nationalen Pflicht nachkommt.

Ich geh zu Ikea zum Essen. Ganz allein. Oder ich setz mich auf die Bundesstraße vor meinem Haus und lese ein Buch. Ich klau die Kronjuwelen. Ach so, wir sind ja eine Demokratie. Blöd. Dann halte ich eine politische Rede im Stadtpark. Ich … bade und geh danach im Bademantel in der Stadt spazieren. Ich fahr mit dem Auto siebzehnmal über eine rote Ampel. Ich male Politikern auf Plakaten falsche Bärte. Ich mähe meinen Rasen. Ich geh auf den Kinderspielplatz und rutsche! Und wippe mit mir selbst! Ich rufe bei der Telekom an und komme sofort durch!

Na ja, wird sich schon was finden. Vielleicht geh ich auch nach Österreich. Ob die überhaupt Fahnen fürs Auto haben? Ich fahr mal schnell rüber und schaue nach. Vielleicht nehm ich mir auf dem Rückweg noch eine Vuvuzela mit. Dann bau ich mir ein Fernrohr draus und schau in die Zukunft. Und sag keinem, wer die nächsten Male Weltmeister wird!

Freies Assoziieren mit unterschiedlichen Ergebnissen:
Herr Klüpfel nennt dieses Foto »Lichtgestalt«,
Herr Kobr »Schattenseite«.

WMETISBC
(Wie mir einmal träumte, ich sei beim Casting)

Von Volker Klüpfel

Manchmal entwickeln sich die Vermeidungsstrategien, die man während des Nicht-Schreibens so entwickelt, zu regelrechten Tagträumen. So wie dieser.

Gleich mal, das ist wichtig, erklärt sich aber erst im Verlauf dieses Textes, ein literarisch anspruchsvoller Einstiegssatz: Neulich träumte mir.

Es heißt tatsächlich so, nicht: träumte mich, obwohl es stimmen würde, denn der Traum handelte von mich … äh: mir.

Mir träumte also von mir, dass ich ein Autor wär. Das heißt: ein richtiger, anspruchsvoller, also armer. Um meiner Erfolglosigkeit zu entrinnen, bewarb ich mich bei einer neuen Castingshow im Privatfernsehen mit dem eingängigen Titel: DSGTTA (gesprochen, nun ja, »Dsgtta« eben) – Deutschland sucht Germany's Top Text Autor. Alles begann damit, dass man sich im Casting-Lokal einfinden musste, einem holzvertäfelten Dorfgasthof in Depsried, das wirklich so heißt und gleich neben meinem Heimatort Altusried liegt (wehe, hier kommt jetzt irgendein blöder Kommentar!). Mich freute das, dachte ich doch, da haben die ganzen Affen aus der Stadt die schlechteren Karten. Meine Laune trübte sich jedoch schnell, als ich der Jury ansichtig wurde (entschuldigen Sie die Ausdrucksweise, aber ich leide noch unter den im Folgenden beschriebenen Traum-Traumata und achte deshalb auf eine besonders gewählte Diktion), der ich meine Bewerbungsgeschichte vorlesen sollte.

Die Jury war hammermäßig, ja, megamäßig besetzt: Neben Heidi Klum, deren Anwesenheit mich wunderte, weil mir nicht sofort klar war, zu welchen literarischen Fragen genau sie ihre Expertise abgeben sollte, saß dort Frank Schätzing, was mich gar nicht wunderte, weil er ja zu allen literarischen Fragen Expertisen abgibt. Er führte gerade per Handy ein Interview mit Reinhold Beckmann und wurde parallel für eine Unterwäschekampagne fotografiert, weswegen er nur mit Boxershorts bekleidet war und Jury-Mitglied Bruce Darnell ihm dauernd zurief »Der Slip muss läbändidsch sein, Baby!«. Daraufhin wollte ich mich auch ausziehen, was Heidi Klum mit panisch verzerrtem Gesichtsausdruck, rudernden Armen und hysterisch-irrem Kichern aber zu verhindern wusste.

Hinter den beiden saßen, irgendwie als erweiterte Jury-Statisterie, meine Mutter, Sylvie van der Vaart, Kommissar Kluftinger, Detlef D! Soost, mein Vater und alle Autoren, die nach uns Allgäu-Krimis herausgegeben haben. Der Raum war ganz schön voll, kann ich Ihnen sagen. Als ich reinkam, schrie ein Moderator, der auch noch Schreyl hieß (ich meine, man muss sich mal vorstellen, auf was für Gedanken man im Traum kommt), also da schrie dieser Schreyl: »Hier kommt unser nächster Kandidat, Volker. Volker, wie fühlst du dich gerade?«

Vor all diesen Leuten thronte auf einem güldenen Stuhl der Jury-Präsident: Michael Kobr. Im Traum hatte ich noch nie von ihm gehört, aber er war mir auf den ersten Blick unsympathisch, was wohl auf Gegenseitigkeit beruhte, denn er begrüßte mich mit den Worten: »Tut mir leid, wir suchen hier einen Autor, verstehen Sie: AU-TOR, da habe Sie sich sicher verlaufen, die Hupfdohlen werden im Keller gecastet.« Er sagte wirklich Hupfdohlen, das muss man sich mal vorstellen.

Ich bin nicht mal wütend geworden, sondern wollte schon wieder gehen, was mich im Nachhinein nun wirklich wundert. Aber im Traum ergibt das ja alles immer einen Sinn und man akzeptiert es irgendwie, auch wenn man sich nach dem Aufwachen fragt: Welchen absterbenden Gehirnwindungen ist denn diese krude Geschichte entsprungen …

Kennen Sie das? Da redet man im Traum mit irgendjemandem und noch während des Gesprächs ist es plötzlich jemand völlig anderes – und man wundert sich nicht mal darüber. Ich meine: In echt wäre es ja schon seltsam, wenn Herr Müller während des Gesprächs zu Herrn Mayer würde, da würde man ja schon mal fragen: Sagen Sie mal, Herr Müller, Sie waren doch gerade noch Herr Mayer? Das käme einem schon spanisch vor – außer vielleicht im Fall meiner Uroma, die während einer Unterhaltung ihren Gesprächspartner immer mit den unterschiedlichsten Namen titulierte und sich darüber offenbar überhaupt nicht wunderte – dafür die Gesprächspartner umso mehr.

Jedenfalls ist im Traum alles anders, und jetzt Schluss damit. Ich wollte also schon wieder gehen, da schrie mich der Moderator mit den Worten zusammen: »Bleib hier! Das war natürlich nur ein Test. Wie fühlst du dich jetzt?«, und mir einen Fragebogen reichte, den ich ausfüllen sollte, um eine »adäquat empathische Berichterstattung zu gewährleisten«, wie da stand. Da wurde, das muss man sich mal vorstellen, unter anderem gefragt:

Unter welchen unheilbaren Krankheiten leiden Sie/Ihr Vater/Ihre Mutter/Ihre ganze asoziale Familie?
Wenn Sie unter keiner unheilbaren Krankheit leiden, unter welcher würden Sie gerne leiden?
Wenn Sie unter keiner Krankheit leiden möchten, wie lange saßen Sie wegen Ihrer Drogengeschäfte im Gefängnis?
Wenn Sie keine Drogengeschäfte betreiben, nie im Gefängnis saßen und auch nicht krank sind bzw. beabsichtigen, dies bald zu sein: Was zur Hölle haben Sie dann hier zu suchen?

Nachdem ich den Fragebogen nach bestem Wissen und Gewissen ausgefüllt hatte, wobei ich mich bei der Krankheit aus reiner Verzweiflung für »vegetative Dystonie« entschieden hatte, worauf Marco Schreyl mir gleich das Mikro unter die Nase hielt und fragte: »Das ist ja ganz schlimm, wie fühlst du dich dabei?«, ging's los: Ich las der Jury meine Geschichte vor, die davon handelte, wie ein auf dem Dorf lebender Polizist in einem Mord ermitteln muss, dem der Lebensmitteldesigner des örtlichen Milchwerks zum Opfer gefallen ist.

Darauf brach die gesamte Jury-Mannschaft in großes Gelächter aus, was mich erst sehr stolz machte, bis ich merkte, dass sie mich auslachten, und ich mir dachte, dass es wirklich lächerlich ist, mit so einer Idee an die Öffentlichkeit zu gehen. Frank Schätzing unterbrach sogar sein Slip-Shooting, um mit Lachtränen in den Augen zu sagen: »Wer soll denn das lesen? Ich meine: Es kommt weder der Mond noch eine geheimnisvolle Lebensform darin vor.«

Worauf ich sagte: »Das stimmt nicht, es sind viele Allgäuer drin.«

Mit einem Schlag verstummte das Lachen und alle drehten sich zum Kommissar um, der wissend nickte, worauf Michael Kobr, der inzwischen ein Kuheuter als Krone trug, aufstand, ein Eisbein als Zepter schwang und rief: »Die Mine meines Mont-Blanc-Füllers hat mehr Schreibtalent als du, nichtswürdiger Wurm, du. Raus jetzt. Aber die Geschichte kannst du hierlassen, ich werfe sie für dich weg.«

Ich begann zu weinen, sagte, dass ich doch vegetative Dystonie hätte und meine Mutter wegen Drogenbesitzes verhaftet worden sei, worauf diese wütend aufsprang und den Saal verließ, das muss man sich mal vorstellen. Ich warf mich auf die Knie, bat um eine letzte Chance, sagte, dass das mein großer, einziger Traum sei, dass ich mein Leben lang nichts anderes hatte tun wollen als Kriminalgeschichten zu erzählen, die im Allgäu spielen und in denen Lebensmitteldesigner ermordet werden, ich keinen Plan B hätte und dass ich das Angebot, die Dessous-Modenschau der Landfrauenvereinigung Holzgünz zu moderieren, für dieses Casting ausgeschlagen habe.

Darauf erhob sich Heidi Klum unter frenetischem Geschrei eines plötzlich zahlreich vorhandenen, ekstatisch klatschenden Publikums, und der ganze Schankraum war erfüllt vom Licht Millionen blinkender Leuchtdioden. Sie stellte sich vor mich hin und sagte mit ganz, ganz strengem Blick: »Eine Challenge ist kein Ponyhof .... (lange Pause) ...... Du hast dich heute nicht genug bemüht .... (gaaaanz lange Pause) .... Volker ...... (wahnsinnig lange Pause) .... ich habe heute leider kein Foto für dich.«

Foto? Ich verstand nicht? Was soll ich mit einem Foto?

»Bin ich jetzt im Recall?«, fragte ich verwirrt, denn ich wollte doch einen Buchvertrag, meine Geschichte sollte als Fortsetzungsroman in der »Cosmopolitan« erscheinen und mein Starschnitt in der »Bäckerblume« ... Ich schrie genauso hysterisch wie das Publikum und mit diesem Schrei erwachte ich.

Auf der Couch.

Gerade noch rechtzeitig. Denn im Fernsehen lief der Vorspann von »Germany's Next Topmodel«.

Das muss man sich mal vorstellen.

Der Weg ischt das Ziel

Unsere Arbeit, obwohl überwiegend zu Hause geleistet, führt uns unweigerlich von dort weg. Man könnte vereinfacht sagen: Der Kommissar, der selbst so gern daheimbleibt, schickt uns permanent auf Reisen. Sei es zur Recherche, zu Messen, zu Verlags-, Film- oder sonstigen Treffen. Vor allem aber zu den Lesungen. Ganz Deutschland und das sprach- und humorkompatible angrenzende Ausland haben wir schon bereist, sind dabei in Galaxien vorgedrungen, die nie ein Allgäuer zuvor gesehen hat.

Zunächst haben wir diese Reisen vor allem im Auto unternommen: ein Stück Heimat zum Mitnehmen, eine stahlumwandete Trutzburg zur Nostalgieabwehr (aus dem Griechischen von nóstos = Rückkehr, Heimkehr und álgos = Schmerz) in der Fremde. Doch mit den Jahren sind wir immer wieder und vor allem immer mehr auf andere Verkehrsmittel umgestiegen. Denn mit der Zeit wuchs unser Vertrauen in die Mitmenschen, wir trauten ihnen zu, Autos oder Züge zu lenken, begaben uns voll Zuversicht in ihre Hände – und erlebten manch (blaues) Wunder, manch (un-)angenehme Überraschung und manch unerwartete Inspirationsquelle.

Immer unter Dampf, immer das Ziel im Blick, die Nase stets im Wind: Michael K. am Steuer seines kleinen Wochenend-Ausflugbötchens.

Hallo, Taxi!

Von Michael Kobr

Im nächsten Leben werd ich Taxifahrer. Ich liebe Taxis. Je älter, desto besser. Ich schaue auch immer heimlich nach dem Kilometerstand der alten Daimler-Modelle. Vom rechten hinteren Platz aus ist der ja gut zu erkennen. Ab 500 000 wird's interessant. Da klingen die Dieselaggregate wie eine Mischung aus den ausgemusterten Touristen-Barkassen im Hamburger Hafen und einem Kässbohrer-Busmotor aus den späten Siebzigern. Die schwarzen Kunstledersitze sehen fast wie Leder aus – wahrscheinlich haben sie ja auch eine mehrere Millimeter dicke Auflage aus rein organischem Material – und das Wageninnere riecht so heimelig nach Kneipe, Krankenhaus, Turnbeutel, Wunderbaum und Autowerkstatt auf einmal, dass man gar nicht mehr aussteigen möchte. Da sieht man einmal, was ein Auto zu leisten imstande ist. Das sind echte Maschinen. Keine verweichlichten, geschniegelten und polierten Einfamilienhaus-Garagenrumsteher, die bei hundertachtzigtausend Kilometerchen schon die Biege machen!

Aber das Wichtige sind ja nicht die Autos, sondern ihre Fahrer. Wobei, keine Ahnung, ob Sie es wussten, eigentlich sind Taxifahrer ja alle Schauspieler. Glauben Sie jetzt nicht? Kann ich ja verstehen. Manche spielen ihre Rolle eben so perfekt, dass Sie gar nicht merken, dass da von der Kultusministerkonferenz eine große Offensive für das volkstümliche Improvisationstheater läuft. Und die sind alle zur Verschwiegenheit verpflichtet. Rigoros. Wenn rauskommt, dass jeder Taxiplatz mit einem viertelligen Eurobetrag subventioniert ist, das gibt doch einen riesigen Aufstand der Steuerzahler! Wer quatscht, der fliegt. Eiskalt. Und Sie wissen ja aus den einschlägigen Mafiafilmen, was man mit Leuten macht, die Gefahr laufen, den Mund zu weit aufzumachen … Schon mal über die Größe eines durchschnittlichen Taxikofferraums nachgedacht?

Aber ich will Ihnen keine Angst machen. Ihnen kann da nichts passieren. Sie sollen nur die Vorstellung genießen. Wir hatten in der letzten Zeit wirklich Glück mit unseren Darstellern. Alle ganz originell, mit regionalen Bezügen sogar. So wie der nette ältere Herr in der Oberpfalz. Mit grauem Filzhut inklusive Gamsbart und Trachtenjanker unter einem grauen Staubmantel. So eine Art Mischung aus Komödienstadel und Meister Eder. Herrlich. Und im Radio: »Am Abend in der Stu'm … Stub' … Stub'n ….« Egal, Bayern 1 jedenfalls. »So, junga Monn, wo sois higeh?« Junger Mann!

Wo hört man das heute noch? Stellen Sie sich vor, da kommt ein Japaner und fährt bei diesem Schauspieler mit. Unvergessliches Erlebnis!

Bleiben wir in Bayern. In München, ja, da merkt man schon: Da ist das Volksschauspiel zu Hause. Da mussten wir neulich mal zur Aufnahme einer CD in ein Tonstudio am Rande der Stadt. In eine Straße, die selbst ich als Nicht-Münchner kenne. Wir steigen in ein Taxi ein, nennen die Adresse. Das ratlose Gesicht des Fahrers lässt uns kalt, wir freuen uns auf die Vorstellung. Doch der Herr ist ein ehrlicher Mensch: Obwohl er ein kleines Navi an der Scheibe hängen hat, sagt er frei raus: »Mei, also, ganz ehrlich, ich mach das nur so hobbymäßig hier. Ich kenn mich nicht gut aus in München. Wissen Sie, wo es genau hingeht?« Unsere Angabe muss ihm dann aber zu ungenau gewesen sein, denn er bat uns umgehend, auszusteigen und eine Kollegin mit der Fahrt zu beauftragen. »Wissen Sie, ich fahr eher so zum Marienplatz und Bahnhof und so!«

Die Kollegin wusste es dann schließlich. Sie gab das Münchener Original. Zwischen Erni Singerl und Frau Gmeinwieser aus der Polizeiinspektion 1. Sehr nett. Netter als der Herr im Großraumtaxi. Obwohl der eigentlich gar nichts dafürkonnte. Der arme Mann wurde gerufen, als wir unser Interview in der »Nachtlinie« vom Bayerischen Rundfunk hatten. Dazu muss man wissen, dass das in der Straßenbahn stattfindet. Man muss da zu einem bestimmten Zeitpunkt zusteigen, sonst gibt's Probleme. Und wir waren nicht nur spät dran, sondern eigentlich schon viel zu spät. Der Mann kommt also nichtsahnend, will uns sein einstudiertes Stück geben und wird von einer uns nahestehenden Dame unseres Verlags derart in die Mangel genommen, das können Sie sich nicht vorstellen. Nach der siebten Ermahnung von unserer Lektorin also, dass er jetzt halt mal endlich aus der Einfahrt auf die dicht befahrene Straße rausfahren solle, fragt er dezent nach, ob denn jetzt er fahre oder sie. Dann soll er die Musik ausmachen. Ob er denn auch genau wisse, wohin es gehe. Ob er nicht mal ausnahmsweise die Einbahnstraße ... Ob es denn über die Georgenstraße nicht schneller ..., und Vorsicht, ein Fahrrad! Bitte ein bisschen schneller jetzt ... Der arme Mann war echt am Ende seiner Improvisationskunst. Fertig mit den Nerven, der Junge. Ich glaub, der fährt jetzt nicht mehr. Der hat sein Studium wiederaufgenommen.

Und dann: Koblenz. Wenn Sie mich fragen, die Wiege des rheinischen Frohsinns. Die sind drauf da, die Leute! Die haben sicher ein Jahr Theaterworkshop hinter sich. Zuerst ein Fünfundsiebzigjähriger, der die Stimme im Funkgerät mit »Schuckelschen« betitelt und uns über eine Dame vom Straßenstrich aufklärt: »Das is die älteste der Damen, aber auch die fleißigste, die is immer in ihrem Wohnwägelschen. Die kenn isch schon ganz lang!«

Dann einer, immer noch in Koblenz, der uns eine wahnsinnige Russenmafiageschichte erzählt, weil wir zum Polizeipräsidium fahren, und am Ende des Tages ein jugendlicher Gangster, im schwarzen Benz ohne Taxischild, der weder Hotel noch Adresse kennt, mit 100 durch die immer gleichen Straßen brettert und uns schließlich entnervt aus dem Wagen komplimentiert mit den Worten: »Isch kann nix mehr für eusch tun. Hier irgendwo muss die Straße sein!« Wir sind froh, dass wir die anderthalb Kilometer laufen können. Blöd, dass er jetzt weiß, wo wir heut Nacht wohnen …

Ja, und schließlich waren wir noch in Lobberich. Sprich: Lobberisch. Niederrheinische Provinz, kurz vor der holländischen Grenze. Eine ältere Dame, die uns zum Bahnhof nach Wasweißichwo fährt am Sonntagmorgen. Und die redet, als hätte sie erst ein Reibeisen und dann noch Horst Schlämmer gefrühstückt. Inklusive »Schätzelein«. Und Geschichten von Drogenkurieren, vom alten Lobberischen Glanz und davon, dass der Bahnhof in Schlagmischtot viel näher wäre, eigentlich Geldverschwendung, die Fahrt nach Wasweißichwo, aber ihr soll's recht sein, sie fährt ja gern. Nein, macht uns nichts aus, wenn sie raucht. Reval ohne.

Aber in all der Zeit unserer Lesereisen hab ich eines nicht verstanden. Das war dieser Fahrer in Köln. Der mit den hölzernen Unter-der-Achsel-Krücken. Mit Patina drauf wie von 50 Jahren Einsatz im Lazarett. Er ging zum Kofferraum, ohne Hinken, wissen Sie, und holte die Krücken raus, Verzeihung, heißt ja politisch korrekt jetzt Gehhilfe, und beginnt einen Fuß nachzuziehen. War mir zu hoch. Ich glaub, das war so ein experimentelles, avantgardistisches Happening. Egal. Man muss ja nicht alles verstehen. Köln ist halt schon eine Kulturstadt.

So, ich muss weg, schon gleich 20:15 Uhr. Was? Tatort? Nee! … Wie? Liebe in der Dornenhecke? Also bitte, als ob ich Inga Lindström anschauen würde! Nein, ich hab mir ein Taxi bestellt. Und ich muss noch Chips und Cola einpacken … Ach ja, sagen Sie niemandem, dass Sie über alles Bescheid wissen, mit den Schauspielern und so. Tun Sie, als wären das alles normale Taxifahrer. Sie wissen ja:

Der Kofferraum!

Impressionen eines glamourösen Jetset-Lebens: einige unserer reichhaltig und nahrhaft gedeckten Catering-Tische.

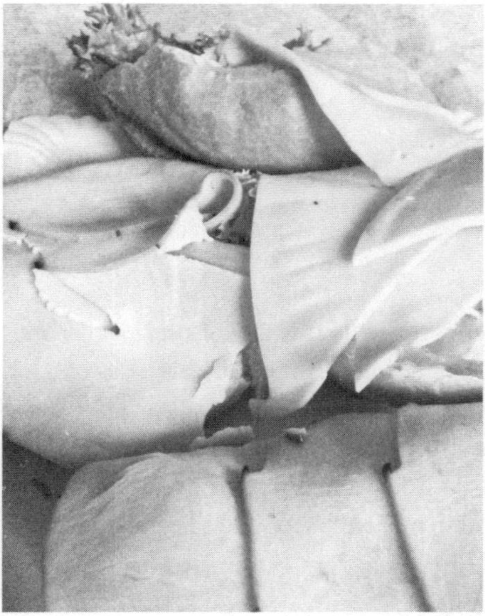

Delvita
FARM
Nougat
HARIBO
BIG
BOX
1,3 kg!

Alles Banditen

Von Michael Kobr

Priml. Volker konnte neulich nicht mit zur Lesung nach Köln, weil er krank war. Endlich mal allein auf die Bühne, das hab ich mir dann nicht entgehen lassen …

Und dann dachte ich mir, ich nutze die Zeit im Zug und schreib ein bisschen auf dem Laptop. Einstieg in Memmingen, Fahrtrichtung links. Abteil mit nur vier Sitzplätzen, ganz für mich allein und die nette Frau aus dem Bordbistro hat mir sogar noch einen Kaffee gebracht.

Und dann ging es los. Ich hatte einen regelrechten Lauf, hab genau beschrieben, wie im neuen Buch der Kluftinger zusammen mit Maier und Strobl in Richtung Iller fährt, zu dieser ominösen Werk… da geht die Tür auf. Plochingen. Ich sehe auf, älterer Mann, gut gekleidet, sicher einer, der in der Rente noch als Gutachter tätig ist. Ingenieur für … angewandte Geothermonukleologie.

»So, isset gestattet?«

Ich lächle freundlich und nicke.

»Fahren Sie auch bis Dortmund?«

Ich sage nein, nur bis Köln.

»Na, ist ja auch eine ganz schöne Strecke, die wir zusammen haben. Freut mich. Metzner.«

Wie, Metzner?, denk ich und im selben Moment streckt er mir die Hand entgegen. Ich schüttle sie. Lächle.

»Normalerweise nur mit dem Auto. Isch war dreißig Jahre beim Daimler. Hab 'nen schönen Wagen. Immer Jahreswägen,

Es gibt mehrere Möglichkeiten, eine Zugfahrt sinnvoll zu nutzen: Man betrachtet Fotos von sich selbst im Handy …

Solsche …« Metzner sieht eine Weile aus dem Fenster und ruft: »So 'ne C-Klasse, aber Benziner, nä? Früher hab isch immer Diesel gefahren, aber mein Schwiegersohn … Bin ja froh, dass isch noch den Führerschein habe. Bin 83. Sieht man mir nicht an, isch weiß. Vor drei Monaten hab isch in einem Monat sieben Punkte … Rote Ampel, nä? Und einmal voll über die Kreuzung gedonnert. Stoppschild. Aber nix passiert. Und mein Schwiegersohn …«

Klar, der Schwiegersohn. Vielleicht wäre es besser, wenn der in Zukunft die C-Klasse fährt. Ich gebe Herrn Metzner hin und wieder ein bestätigendes »Mhm« zurück, alles andere fände ich irgendwie unfreundlich. Was er sagt, hört sich an wie das Quäken, wenn die Erwachsenen in den Peanuts-Filmchen sprechen. Dann nehme ich demonstrativ mein Laptop und tippe. Versuche, ungeheuer konzentriert zu wirken. Also, Klufti steigt aus und sieht schon den BMW von Willi …

»Is datten Lepptopp?«

Ich nicke, ohne aufzusehen.

»Hab isch ja keins, so eins. Aber meine Enkeltochter, wissen Sie? Die hat dat selbe, auch so ein weißes. Sind Sie denn im Außendienst?«

Ich überlege kurz, ob ich einfach nicken soll, dann aber hab ich das Gefühl, ehrlich sein zu müssen, und sage etwas, was ich bisher noch nie über die Lippen gebracht habe. Ich sage, ich sei Schriftsteller. Glaubt der mir eh nicht!

»Ach, dat is auch interessant. Isch war ja beim Daimler. Bin Innungsmeister. Wissen Sie, damals, als isch den Bolzen geschossen hab, mit der Ampel, da hat die Handwerkskammer ein gutes Wort eingelegt beim Landratsamt. Mein Schwiegersohn hat gesagt, da schickst du deine Handwerksauszeichnungen hin. Da haben die gesagt, das könnt ihr mit dem Metzner nisch machen. Die haben 'ne Sondersitzung einberufen, damit ich meinen Schein …«

Sondersitzung, klar. Logo. Ich lächle und senke den Kopf. Mit zusammengezogenen Brauen hacke ich in die Tastatur.

»Im Zug, sagt mein Schwiegersohn, da lernste nette Leute kennen. Vergeht die Zeit ja auch viel schneller mit jemand Nettem dabei. Na ja. Isch bin Boxer gewesen. In der großen Zeit, damals …«

Ich sehe auf und klappe meinen Computer zu. Jetzt scheint es interessant zu werden. Jetzt kommen sicher Geschichten von Max Schmeling und der Reeperbahn und von Muhammed Ali und so. Ich setzte mich aufrecht hin, falte meine Hände über den Knien und sehe Herrn Metzner an.

»Aber dat is 'ne andere Geschichte. Isch les jetzt mal die Zeitung!«

Ich bin enttäuscht, lasse mir aber nichts anmerken. Herr Metzner kramt eine Bildzeitung aus seiner grauen Rentner-Tuchjacke. Ich bin schon wieder im Schreibfluss. Also, als Kluftinger die Halle betritt, brauchten seine Augen … »Dat geht auch nisch mehr lange gut!« … eine Weile, bis sie sich an das grelle … »Isch sag, dat geht auch nisch mehr lange gut!« … Licht gewöhnt hatten. Dann sah er … »Junger Mann, isch sage, dat mit dem VfB, dat geht nisch mehr lange gut! Mit dem Trainer!«

Verwundert sehe ich mein Gegenüber an. Er verweist auf einen Artikel in der Bildzeitung. Ausgerechnet Fußball! Ich bestätige weltgewandt und reagiere im Folgenden stets mit Zustimmung, wenn mir Herr Metzner wieder Neues aus seiner Zeitung zitiert. Ich will den alten Herrn nicht kränken, vielleicht hat er außer seinem Schwiegersohn nicht viel Ansprache, weil die Enkeltochter lieber mit ihrem Laptop spielt. Ich tippe leise, allerdings mittlerweile ein Protokoll über das, was er sagt. Als er die Integrationsdebatte anschneidet, stehe ich dann lieber auf. Als ich die Tür aufziehe, fragt Herr Metzner:

»Klo oder Bistro?«

Um die Nachfrage »groß oder klein« zu vermeiden, sage ich »Bistro« und wundere mich ein wenig, dass ich ihm nichts mitbringen soll, ich biete es ihm aber auch nicht an. Nach der Zugtoilette gehe ich ins Bordbistro und esse alle Wienerle, die sie vorrätig haben, also ein Paar. Nach knappen anderthalb Stunden ohne weiteren Verzehr komplimentiert mich der Inhaber des Bordcafés hinaus. Reinigung und Schichtwechsel, murmelt er. Mit hängenden Schultern gehe ich zurück ins Metzner'sche Abteil und sehe eine ältere Dame ihm schräg gegenüber. Meinen Sitz ziert eine geblümte Papierserviette mit einigen Apfelschalen darauf. Herr Metzner klopft fröhlich einladend auf den Platz neben sich. Als ich wieder sitze, erklärt er:

»Junger Mann, die Dame hat auch noch 'ne lange Reise vor sich! Da freu'n wir uns, wie? War das Essen gut?«

Ich seufze nur leise. Der Dame fällt das Obstmesser hinunter, direkt vor Metzners Füße. Er hebt es galant auf und ich erstarre, als die Frau sich bedankt:

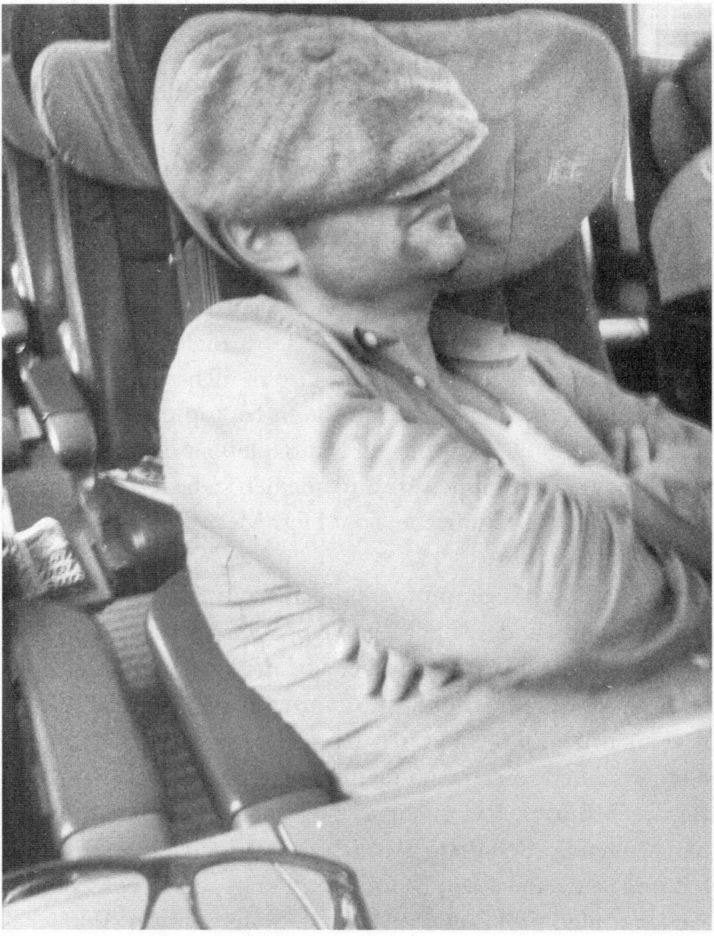

… oder denkt sich …

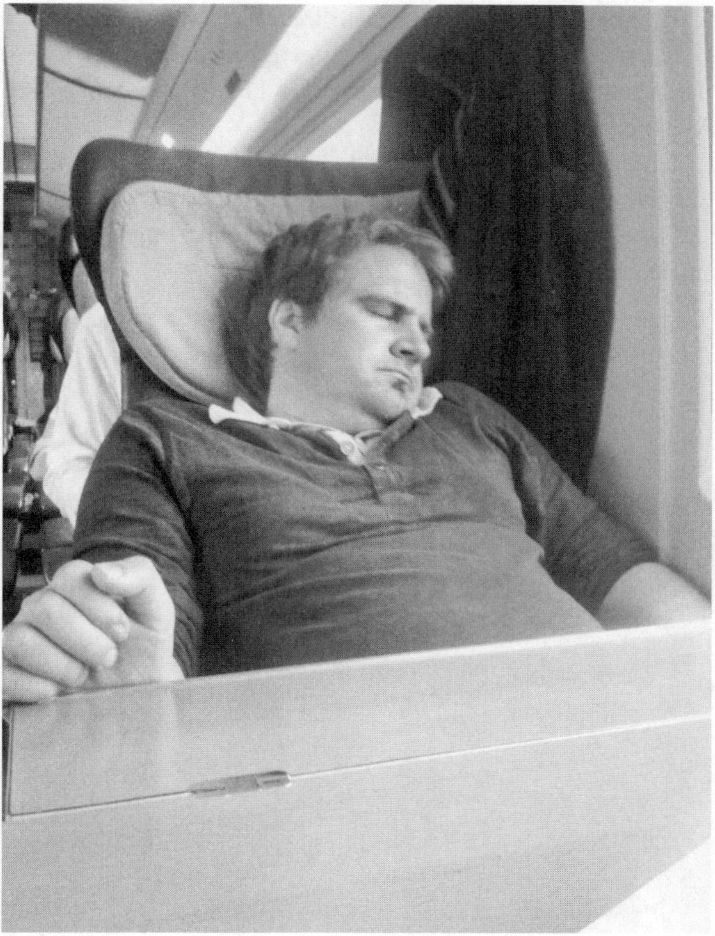

… neue Geschichten aus.

»Danke, Herr Harzenetter, sehr freundlich!«

Harzenetter? Ich kneife die Augen zusammen und fixiere den Mann, der mir gegenübersitzt. Ein Lügner also. Von wegen Metzner! Von wegen Daimler!

Ich packe meine Sachen und gehe. Da steh ich doch lieber auf dem Gang, als mit so jemand im Abteil zu sitzen.

Das erstaunte »Gehen Sie schon, Herr Schätzing?«, höre ich nur noch mit einem Ohr.

Alles Banditen II

Von Volker Klüpfel

Nicht nur Michael fährt manchmal alleine Zug. Wenn einer von uns beiden einsam und verlassen in diesem Verkehrsmittel sitzt, bin es tatsächlich sogar eher ich. Das liegt daran, dass Michael ein Fahrer ist. Und ich ein Mitfahrer. Es gibt ja diese zwei Grundtypen von Menschen: die einen, die sich gerne chauffieren lassen, und die anderen, die immer das Gefühl haben wollen, sie könnten selbst bestimmen, wo's langgeht. Zu Letzteren gehört mein geschätzter Kollege und ich lasse ihn gern in dem Glauben, er führe im Zeitalter von überlasteten Autobahnen, Tempolimits und holländischen Wohnwagenkarawanen tatsächlich ein automobil-selbstbestimmtes Leben.

Das hatte unter anderem schon einmal den Effekt, dass ich bei einer Lesung, die mitten im Winter in einem Wintersportort stattfand, mit dem Zug ganz entspannt angereist bereits in der Garderobe wartete, während Michael mir minütlich per Handy die neusten Straßensperrungen wegen Blitzeis durchgab. Nun könnte man sagen: Ist ja nicht so schlimm, wir sind schließlich ein Duo und da wartet man eben solange, bis der andere da ist, und beginnt dann. Nur wollte die Veranstalterin sich dieser Meinung nicht so recht anschließen, was zur Folge hatte, dass wir nun zu dritt über die neueste Wetterentwicklung telefonierten und Michael irgendwann über Lautsprecher fragte, ob die Frau denn noch zuhöre, damit er mir endlich sagen könne, was er von ihr halte.

Das Ende vom Lied war, Sie haben es bestimmt schon erraten, dass ich allein auf die Bühne durfte. Eigentlich auch nicht so schlimm, immerhin hatten die Zuschauer so die Chance, sich ganz auf die bessere Hälfte des Autorenduos zu konzentrieren. Aber da klar war, dass Michael gleich kommt und wir dann unser normales Programm zum Besten geben würden, musste ich mich mit etwas anderem – also nichts – eine Viertelstunde lang über die Zeit retten. Jetzt weiß ich, wie sich Guido Westerwelle tagtäglich fühlt.

Nun bin ich aber etwas vom Thema abgekommen. Was ich eigentlich damit sagen wollte, war: Ich weiß auch, was einem blühen kann, wenn man allein im Zug unterwegs ist, wie Michael das beschrieben hat in seinem Blogbeitrag »Alles Banditen«, weswegen dieser hier »Alles Banditen II« heißt, auch wenn darin gar keine Banditen vorkommen – oder vielleicht gerade doch, das müssen Sie selbst entscheiden.

Das Besondere am Alleinfahren ist, dass man nicht nur den Launen der Mitreisenden, sondern, noch schlimmer, der Zugchefs schutzlos ausgeliefert ist. Apropos: Finden Sie nicht auch, dass das inzwischen ganz toll ist? Früher musste man sich mit einem Schaffner begnügen, heute tönt es über den Lautsprecher »Mein Name ist Reinhold Linder, ich bin Ihr Zugchef«. Ich frage mich jedes Mal, was das nun bedeutet? Ist er MEIN Zugchef, das heißt, habe ich einfach nur alles zu tun, was er anordnet, damit sein Leben leichter wird? Dieser Verdacht wird ja durchaus bei der ein oder anderen Fahrt erhärtet. Ist er gar mit meinem Webmaster verwandt? Oder ist er der Chef des Zuges? Dann frage ich mich allerdings: Wie befehligt man einen Zug? Und wo ist der Lokführer? Gibt es überhaupt noch einen? Werden die Züge ferngesteuert? Gar nicht gesteuert (was sich jedenfalls mit mancher Praxiserfahrung decken würde)? Befindet sich der Lokführer während der Fahrt gar im Weiterbildungsseminar »English for ongoing Trainchiefs or: How to spell German City-Names in a way, native English-Speakers, who should learn German when they make their holidays here, cannot understand them«?

Wie auch immer: Einmal habe ich mich in meiner grenzenlosen Hybris dazu verleiten lassen, die Fahrt von Augsburg nach München nicht nur allein, sondern sogar in der ersten Klasse zu unternehmen. Ich armer Unwissender: Das Upperclass-Abteil war voll geklonter Managertypen in taillierten Sakkos mit Designerlaptops und bimmelnden Mobiltelefonen. Wandelnde Klischees. Leider nicht nur wandelnd, sondern auch sprechend. Ständig brüllten sie in ihre Handy-Taschencomputer, und zwar umso lauter, je vertraulicher die Unterhaltung. Hier das authentische (schwör!) Protokoll einer Zugfahrt zwischen Augsburg-Hochzoll und München-Pasing:

Dunkler Nadelstreifenanzug: »Jeffrey muss entlassen werden. Sonst machen wir uns ja zur Wurst.« Jeffrey, falls du das liest: Ich kenne dich nicht, aber es klingt, als wärst du ein netter Typ – was auch daran liegen könnte, dass dich der Wichtigtuer mit dem Blackberry nicht mag. Stell dir besser schon mal aussagefähige Unterlagen zusammen für die Bewerbungsgespräche. Die führst du vielleicht mit **Manschettenknopf-Hemd** in Reihe fünf, der via iPhone fragt: »Wann platzt denn das Bömbchen? … Gute Entscheidung, haben Sie schon jemand für die Stelle? … Jemanden aus Europa?« Jeffrey, wär das was für dich? Vielleicht heißt du ja McGinty, bist aus Schottland und nicht aus Texas, ich drück dir jedenfalls die Daumen. Möglicherweise kannst du auch eine Qualifizierungsmaßnahme zum Zugchef absolvieren? Keinesfalls solltest du dich aber in Wiesbaden bewerben, denn, **Strenger Seitenscheitel** Reihe drei: »Wiesbaden will collapse? Oh, Shit!« Na, wie auch immer die Sache ausgeht, Jeffrey, hey, wer weiß, vielleicht (**Motorola Gold**) »ergibt sich ja mal die opportunity, dass wir uns wiedersehen«.

Wär 'n cooles thing.

Ich hoffe nur: nicht im Zug.

Schon am Bahnhof nehmen uns die Metropolen, die wir mit unseren Lesungen bereisen, mit dieser unnachahmlichen Mischung aus Weltläufigkeit und unaufdringlicher Eleganz gefangen. Hier: Meiningen, Theater- und Kulturstadt in Südthüringen.

Camping

Von Michael Kobr

Ich bin jetzt ja Camper. Mit Leib und Seele. Ja, ganz ehrlich: Ich hätt das vor zwei Jahren auch nicht gedacht, aber jetzt isches halt so. Ich hab mir ein nicht mehr ganz neues Wohnmobil gekauft und ich pack regelmäßig die Familie ein und fahr damit durch die Lande.

Wohlgemerkt: Wir fahren noch, vom Dauercampen mit Heckenschere, Gartenzwergen und der Satellitenschüssel auf dem mobilen Heim bin ich noch ein paar Jahre entfernt. Oder Monate – bei den Spritpreisen …

Ah, da sind wir ja schon beim Punkt. Teuer ist das schon, weil so ein älterer Fiat Ducato ist jetzt nicht gerade ein Spritsparwunder. Ich komm gerade aus Skandinavien – da kostet der Liter Diesel bald doppelt so viel wie der Wein, den ich meinen Gästen immer anbiete! Und diese Fähren erst!

Sonst kostet uns die Reiserei ja gar nix, weil uns die Veranstalter immer die Zugtickets und zwei Einzelzimmer …

Moment mal, da kommt mir ja überhaupt die Idee! Klar, jetzt weiß ich, wie ich meine Urlaubskosten wieder reinbekomme: Ich fahr von jetzt an einfach im Wohnmobil zu den Lesungen und vermiete den Alkoven, also quasi mein fahrbares Dachstudio, an meine neue Einkommensquelle: Volker Klüpfel!

Sagen wir, wir bekommen zusammen hundert Euro für die Übernachtung, da nehm ich dann 95 und der Volker 5. Hat er ja immer noch was verdient, so gesehen. Dafür kriegt er einen abgeschlossenen Schlafbereich, fließend Warm- und Kaltwasser, und wenn's sein muss, stell ich ihm auch noch ein Frühstück, also Cornflakes mit ein bissle Milch, hin. Auf Wunsch bekäme er auch Dosenravioli mittags und Feuerzauber Texas am Abend, sagen wir für … 10 Euro mehr. Notfalls auch mal Nudeln oder Kässpatzen, die sind vom Materialeinsatz her ja auch eher überschaubar.

Es gibt zwar keinen Fernseher, aber dafür könnten wir uns lustige Geschichten am Lagerfeuer erzählen oder Mau-Mau spielen oder singen oder gemeinsam am Waschhaus das Geschirr abspülen … um Gottes willen, was sag ich da bloß?

Was für eine Vorstellung! Nur wegen des schnöden Mammons? Ist es das alles wert?

Ich mein, keine Ahnung, vielleicht schnarcht er recht, der Herr Klüpfel, oder er schlafwandelt und fällt dann dauernd vom Hochbett runter. Vielleicht muss er öfters mal nachts raus oder liest bis in die Puppen und verbraucht meinen kostbaren Batteriestrom? Ist morgens mufflig oder nicht wach zu bekommen? Schmeißt seine Socken rum und spült beim Zähneputzen nicht das Waschbecken durch?

Ich glaub's ja nicht von ihm, aber will ich es wirklich genauer wissen?

Nein, ich glaub nicht, dass das für unsere weitere Geschäftsbeziehung förderlich wäre. Aber wenn wir in getrennten Mobilen schlafen, quasi in Einzelcampern statt Einzelzimmern, dann bringt's mir halt penunsenmäßig nix. Von wegen doppelte Spritkosten und so. Und im Zelt ist's ihm vielleicht dann doch zu unbequem. Und auch ein bissle kalt im Winter.

Es sei denn … natürlich, das ist es doch! Ich hab die Lösung! Ich häng mir so einen kleinen Wohnwagen dran, vielleicht einen aus ostdeutscher Produktion. Oder einen Eriba Puck, das reicht ihm sicher aus, bescheiden wie er ist! Braucht ja nicht viel!

Ich hätte jetzt gern noch die Geschichte erzählt von dem

Aus dem Zyklus *Deprimierende Ausblicke aus Hotelzimmerfenstern I.*

Wohnmobil mit der Smartgarage, dessen Whirlpool aus Versehen ausgelaufen ist und dann den ganzen Campingplatz unter Wasser gesetzt hat, und auch den schwedischen Dauercampernachbarn mit entblößtem, tätowiertem Oberkörper, der mich vom Platz werfen lassen wollte, weil ich vorwärts statt rückwärts und obendrein schräg in meiner Parzelle stand, wollte ich Ihnen nicht vorenthalten, aber es hilft nix: Ich muss weg, tut mir leid.

Ich geh jetzt zur Tanke und schreib von der Zapfpistole die Internetadresse von diesem Anhängerkupplungsladen ab und lass mir dann 'ne Kupplung schicken. Oder faxen oder … mailen halt. Und ich frag mal bei den nahe gelegenen Schrottplätzen, ob die auch Campingwagen haben. Da mach ich dann Fotos und Volker kann sich einen aussuchen. Der wird begeistert sein, meinen Sie nicht auch? Wo wir doch beide was verdienen! Eine echte Win-win-Situation sozusagen. Also, habe die Ehre – und wenn Sie mal ein Wohnmobil mit Wohnwagen dran sehen, klopfen Sie ruhig an – aber bitte am Anhänger!

Deprimierende Ausblicke aus Hotelzimmerfenstern II.

Heimeligmachung der Fremde: Fernsehen im Hotel

Kennen Sie auch die Metapher vom böhmischen Dorf? Dann wissen Sie ja in etwa, wie wir uns fühlen. Wir haben permanent das Gefühl, durch Böhmen und seine Dörfer zu reisen. Wir Allgäuer sind ja eine Spezies, die zum Heimweh neigt. Das ist tiefenpsychologisch leicht erklärbar, denn bei uns ist es halt so schön wie sonst nirgendwo auf der ganzen weiten Welt – ausgenommen natürlich der Gegend, aus der Sie, lieber Leser oder liebe Leserin, die Sie gerade über diese Zeilen gebeugt sind, stammen.

Was macht man also, wenn man sich ständig fremd fühlt? Man schafft sich ein Stück Heimat. Versucht, sich die Fremde heimelig einzurichten, die vielen böhmischen Dörfer dort mit einem Gefühl wohliger Wärme des Daheimseins zu möblieren. Da es im Zug auf relativ wenig Verständnis stößt, wenn man seinen Lieblingsteddy auf dem Sitz neben sich platziert und an seiner Schnuffeldecke nuckelt, gibt es dafür eigentlich nur einen Ort: das Hotel. Scheinbar eine Mischung aus Anonymität und Distanziertheit, wird es für uns regelmäßig zum Rückzugsort, an dem wir uns unser eigenes kleines Zuhause schaffen, jeder für sich, ein Einzelzimmer, damit die Seele ankommen kann. Wie das geht, verraten wir Ihnen hier.

Wir erweitern unseren Zyklus mit: *Deprimierende Blicke ins Hotelzimmer I.*

Deprimierende Blicke ins Hotelzimmer II.

Deprimierende Blicke ins Hotelzimmer III.

Deprimierende Ausblicke aus Hotelzimmerfenstern III.

Alleth wie thu Hauthe

Von Volker Klüpfel

Wir sind viel unterwegs, das kann man nicht oft genug betonen. Anders wären wir zum Schreiben dieser Texte ja auch nicht in der Lage, weil wir sonst immer nur darüber berichten könnten, wie wir im Allgäu auf der Weide die Kühe streicheln. Aber man kann sich auch auswärts daheim fühlen. Das Auswärtige bietet dafür zwei Möglichkeiten: McDonald's oder Fernsehen. Da zu viele Burger ungesund sind, entscheiden wir uns regelmäßig für den Fernseher. Außerdem muss man ja auch mal ausspannen vom Tourstress, und so endet man schon mal einen ganzen Tag vor der Glotze. Ich habe einmal Protokoll geführt, was einem dabei so alles begegnet – und das ist mehr, als so ein schlichtes Allgäuer Gemüt vertragen kann.

Ich habe nämlich an nur einem Tag gesehen, wie eine dicke Frau minutenlang mit geschlossenen Augen am Schreibtisch sitzt, während unter ihr ein Spruchband mit der Aufschrift läuft: »Hillu meditiert für Sie«, ich habe gesehen, wie ein glatzköpfiger Laienprediger vor beeindruckender Bergkulisse sagt: »Wenn Sie arbeitslos sind, beten Sie zum himmlischen Vater, er kann Ihnen Arbeit verschaffen.« Und ich wurde Zeuge, wie eine Kamera in einer Dauerwerbesendung mit den Worten angepriesen wird: »Wir schenken Ihnen die Gebrauchsanweisung gratis mit dazu.«

Mein selbst gewählter Schichtbeginn dieses Tages ziellosen Zappens durch Fernsehdeutschland ist um 8:32 Uhr vom Hotelbett aus, wobei sich sofort mein schlechtes Gewissen meldet, weil meine Eltern sagen würden, dass man um diese Zeit noch nicht guckt, genauso wenig wie an Heiligabend und im Urlaub. Doch meine Selbstzweifel scheinen unangebracht, denn das Programm ist bereits in vollem Gange, und mit gleich zwei Morgenmagazinen ist das Frühsehen inzwischen wohl gesellschaftlich akzeptiert. Apropos: Gleich in der Morgenstund schärfen öffentlich-rechtliches und privates Fernsehen ihr Profil. Während das ZDF einen Dermatologen zur Gefahr von Sonnenbädern befragt, macht SAT.1 den ultimativen Strandtest, bei dem Kroatien sich dank des billigeren Schnitzels auf ein 2:2 gegen Italien rettet.

9:35 Uhr, auch genannt: halb zehn! Gerade ärgert sich Putzfrau Helga auf Kabel eins, dass in Deutschlands größtem Puff die Kondome immer am Boden rumliegen. Allein um das Wort »Puff« einmal im Fernsehen zu hören, hätte ich mich als Kind nachts um halb eins im Dunkeln ins Wohnzimmer schleichen müssen.

Ich bleibe im Essensraum des Hotels heute extra lange sitzen und mache aus dem Frühstück einen Brunch, auch wenn der hier gar nicht angeboten wird. Ich muss das tun, denn vor dem Fernsehnachmittag habe ich ein wenig Angst. Viel Schlimmes erzählt man sich über diese Zeit. Um es kurz zu machen: Es ist alles wahr. Eingeläutet wird das Kuriositätenkabinett von einer lispelnden Katja Burkhard, der gemeine Redakteure besonders viele »s« in ihre Moderation geschrieben haben (»Halten thie thich feth t…«). Dann schlägt die Stunde der grell geschminkten Hauptschulabbrecher, die mit Inbrunst ihr Privates öffentlich machen.

14:22 Uhr: Bin jetzt über dem deutschen Sehdauer-Schnitt und fühle mich auch so. Auf SAT.1 streiten sich »Zwei bei Kallwass« gerade derart gestenreich, dass ich den Verdacht nicht loswerde, hier würden die Schauspieler entsorgt, die es nicht durchs Casting der Vormittagsserie »Sturm der Liebe« geschafft haben (die übrigens offenbar in denselben Kulissen gedreht wird wie »Rote Rosen«. Schön, dass die ARD unsere Gebühren so sparsam einsetzt).

16:10 Uhr: Bin ich noch im deutschen Fernsehen? Ständig werden mir Jingles (*sic*!) um die Ohren gehauen, in denen mir geraten wird, mein Leben zu färben (»Colour your life«), mich »entertainen zu letten« und mich auf die Sendung »Big Pictures – History now!« zu freuen, äh, forward zu looken.

19 Uhr: Alle Gewinnspiele zusammengerechnet hätte ich heute 273 500 Euro ergattern können – die ich auch gebraucht hätte, um alle angebotenen Produkte zu kaufen, inklusive der Kamera, zu der es, gegen eine ganz geringe Bearbeitungsgebühr von 9,95 Euro, eine Speicherkarte gratis mit dazu gibt.

20:15 Uhr, amtlicher Beginn des deutschen Feierabends. Aber was will der Deutsche nach einem Tag harter Arbeit? Den ironiefreien indischen Intellektbeauftragten Ranga Yogeshwar, der mit sorgenschwerer Miene und kleinen Eimerchen Kernschmelze nachspielt? Offenbar nicht, seine Sendung heißt Wissen VOR acht. Stattdessen: Neuigkeiten! Aus der weiten Welt! Um diesen Wissensdurst zu befriedigen, wurden hierzulande ganze Nachrichtensender gegründet. n-tv bringt gerade eine Reportage über »Monstermaschinen«, auf N24 läuft ein Currywurst-Wettessen.

Es ist spät, die Zappfrequenz steigt in dem Maße, in dem der Glaube daran sinkt, einfach nur einen besonders schlechten Fernsehtag erwischt zu haben. Ich sehne mich zurück nach Lemmi, der sprechenden Socke. »Lemmi und die Schmöker« hieß die Sendung, da stellte jener Strumpf Bücher vor, indem ein magisches Schnäuztuch hochgehalten wurde, auf dem Szenen des Buchs als Film erschienen. Billigster Bluescreen-Effekt, weiß ich heute. Und gegen 3D-Monster wie Camerons »Avatar« wirkt es wie, wie … na, eine sprechende Socke eben. Für mich war es trotzdem pure Magie.

Besonders wichtig auf stressigen Lesereisen ist eine ausgewogene, gesunde Ernährung – was Leichtes, das nicht groß belastet.

Nicht mal »Grey's Anatomy« lief heute, eine US-Krankenhausserie, in der Patienten von Ärzten mit Modelmaßen und eleganten Fönfrisuren vor dem Tod und die Zuschauer vor der Verzweiflung gerettet werden, und gegen die bei uns produzierte und in billigen Sperrholzkulissen aufgenommene Arztschmonzetten etwa so dramatisch wirken, als spielten sie in der Kantine der Schwarzwaldklinik.

Die Grenzen zwischen den Programmen verwischen zu so später Stunde, irgendwo wird gerade jemand erschossen, Franzi van Almsick preist Bademode an, Lanzens Koch-Klon-Riege beugt sich händereibend über ein paar Töpfe, auf SAT.1 kündigt eine namenlose Blondine namenlose Promis an … Ich sehne mich danach, von Hans-Joachim Kulenkampff mit einem sonoren »Gute Nacht« ins Bett geschickt zu werden, sehne mich nach der Nationalhymne, dem Testbild, dem

-------- Sendeschluss.

Mit einem seligen Lächeln auf den Lippen sinke ich schließlich in die Hotelkissen.

Wie würde Katja Burkhard sagen: Alleth wie thu Hauthe!

Tele-Yoga

Von Michael Kobr

Ein bisschen ist das mit den Lesereisen ja so wie früher. Ich meine, als die Eltern mal für eine Woche urlaubsbedingt nicht da waren und man dann allein zu Hause war, den ganzen Tag den Fernseher laufen hatte und sich eigentlich nur von belgischen Köstlichkeiten – also Pommes – ernährte, die wahlweise in der dottergelben Familienfriteuse oder aber im Backofen zubereitet wurden, wobei weder Backpapier noch Blech je gewechselt wurden. Das waren noch Zeiten – vor der Entdeckung des Acrylamids!

Jetzt ist alles anders. Jetzt muss man sich zu Hause gesund ernähren, Fett vermeiden, abends keine Kohlenhydrate, selbstverständlich keine Geschmacksverstärker, keine Schokolade vor dem Essen und nachher schon gleich gar nicht, und keine Bröselchips mehr vor der Glotze. Und überhaupt: Der Fernseher muss tagsüber unbedingt aus bleiben, nicht dass die Kinder medial versaut werden. So gesehen denken unsere Kinder wohl, sie wachsen in den Siebzigern auf, denn bei uns geht das Fernsehprogramm erst um zehn vor sieben los – mit dem guten alten Ostsandmann, der auf irgendwelchen Landmaschinen aus der Sowjetunion oder mit den Juwelen des Zschopauer Zweiradbaus durch die Hohe Tatra braust. Aber immerhin waren die sozialistischen Brudervölker schon vor über dreißig Jahren so fortschrittlich, dass in jedem Lebkuchenhaus östlich des Urals ein Fernseher, wahrscheinlich nebst einer Art Videorekorder stand, auf dem der Sandmann seine Powerpointpräsentation vorführen durfte. Aber ich schweife ab.

Als Mann darf man in unserer Zeit nur seinem Naturell gerecht leben, solange man noch auf dreizehneinhalb Quadratmetern im Studentenheim wohnt. Da konnte man den ganzen Tag Unterschichtenfernsehen schauen, als Kontrast zum intellektuellen Anspruch in der Uni. Konnte eine Fertigpizza nach der anderen vom Discounter holen und das Spezi war kein »zero«, sondern das mit umgerechnet vierzig Zuckerwürfeln drin. Müll wurde nie getrennt, nur das Papier brachte man umweltbewusst weg, der Aschenbecher quoll grundsätzlich über und die Wäsche wusch die Mama. Einzelsocken gab es einfach nicht. Man musste sie auch nicht selbst zusammenlegen. Egal wie viele Hemden man brauchte, am Sonntag lag alles gefaltet auf dem Bett, bereit zum erneuten Einpacken, kurz bevor man mit dem zugesteckten Fuffziger, dem alten, rostigen GTI und einer hellblauen Tupperdose für Montagmittag wieder wegfuhr. Bis Donnerstagabend.

Als Volker jetzt hin und wieder mal krank und nicht auf den Reisen dabei war, da fing es erst mal ganz langsam an. Auf einmal hatte ich da regelrechte Freiheiten. Denn man muss wissen: Auch wenn wir logischerweise immer in Einzelzimmern, meist sogar auf verschiedenen Stockwerken nächtigen, gibt es so eine Art gegenseitiger sozialer Kontrolle bei uns. Da muss man ja arbeiten und besprechen, schreiben, historische Altstädte anschauen und gesund essen und ab und zu sogar vorlesen.

Allein hat sich das eigentlich auf zwei dieser Tätigkeiten beschränkt: das Schreiben und das Lesen. Will sagen: Ich muss eigentlich nur für den Auftritt nach draußen. Und zur Nahrungsaufnahme, respektive -beschaffung. Schreiben geht am besten im Hotel, im Bett. Und so wurden meine Nachmittage mehr und mehr zu Klausurtagungen zwischen mir und meinem Computer. Und hin und wieder dem Fernseher. Aber nicht zum

Zwecke der Unterhaltung. Nein, zur reinen Tiefenentspannung. Tele-Yoga, quasi. Wer einmal die meditative Kraft eines Homeshopping-Senders erlebt hat, wer sich selbst hat fallenlassen in das Reich der Pfannenwender und Rohrreiniger, der ist für richtiges Yoga oder Tai-Chi ewig verdorben. Wer im Halbreich zwischen Wachen und Schlafen die Stimme eines Christian Rach bis in sein Herz hat sprechen lassen, der weiß mehr, als dass Speisekarten übersichtlich und Küchen penibel sauber geputzt sein müssen, um Erfolg im Leben zu haben. Und der braucht nie mehr zu fürchten, Peter Zwegats Hilfe zu benötigen.

Ich habe in diversen deutschen Hotelzimmern all diese Meditationstechniken durchprobiert: die Küchensendungen, bei denen sich wild gewordene Köche, die sich allen Ernstes als »Moderator« bezeichnen, Leute schwach anreden und Pizzas bis zur Unkenntlichkeit verbrennen lassen, sich ausziehen und sich ihre Sendezeit sonst wohin tätowieren. Berichte über gestrandete fränkische Familien in »Allmächd, Venezwela, nä?«, die keinen Zahn mehr im Mund haben, weil sie wohl Zahnbürstenphobie haben, Boulevardmagazine mit Bildern von den neuesten Autobahnunfällen mit tödlichem Ausgang und natürlich den Magazinsendungen in den Dritten, bei denen der Gartenexperte mit grüner Schürze und gleichfarbigem Daumen die neuesten Geheimtipps zur Primelzucht preisgibt.

Priml. Das passt. Selten war ich so gelassen vor den Auftritten, lange schon habe ich mich nicht mehr so jung gefühlt. Mit der Zeit ging ich immer weiter: Ich hab meine Socken im Zimmer verstreut, mir an der Tanke Chipsletten geholt und Cola und ein paar klebrige Schokoriegel, hab ins Bett gebröselt, was das Zeug hielt, einmal hab ich sogar abends keine Zähne geputzt! Stellen Sie sich vor! Wenn das mein Zahnarzt, geschweige denn meine Krankenkasse erfährt! Ich hab mich mit allem eingedeckt, was ich in meinem Jugendzimmer brauchte, einschließlich der neuesten Ausgaben von »auto, motor und sport«. Und

Kaum zu glauben: Nur wenige Jahre her – da sieht man mal, welchen Verschleiß die gemeinsamen Lesereisen nach sich ziehen.

ich bin immer ganz knapp vor der Veranstaltung erst losgegangen, um alles auch richtig auskosten zu können. Vorher hab ich noch geduscht, wobei ich weder die Kabine mit der Gummilippe trockengewischt habe noch danach die Fußabdrücke auf dem Fliesenboden weggemacht hab … Mann, hab ich mich frei und relaxed gefühlt. Und Zeit hatte irgendwie gar keine Bedeutung mehr!

Na ja, zumindest nachmittags, denn spätestens wenn es dunkel wird, sollte man sich erinnern, dass man ja zum Lesen reist. Auch da aber heißt es, sich Freiräume schaffen. Neulich hat ein Veranstalter gefragt, ob ich denn so um Viertel vor sieben zur Tonprobe da sein könnte. Viertel vor sieben? Da ist noch nicht mal diese Sendung mit den Immobilienmaklern auf VOX aus! Ich hätt mich am Telefon um ein Haar verplappert und ihm mit genau dieser Begründung abgesagt. Jetzt glaubt er, dass ich eine Stunde vor dem Auftritt immer noch ein bisschen meditiere. Mal ehrlich: Welche Technik ich da anwende, tut doch nix zur Sache, oder?

Stranger than fiction oder: Heute schon Ihre Spirulina entsaftet?

Von Volker Klüpfel

Wir hatten mal in einer unserer Bühnenshows eine Nummer, in der wir die Verkaufsgespräche der Homeshopping-Sender nachahmten. Eigentlich wollten wir sie satirisch überhöhen, haben aber schnell festgestellt: Das geht ja gar nicht!

Das gleiche Problem hat jeder, der sich über den Musikantenstadel lustig machen will. Wie soll das aussehen? Soll man sich pausbäckig und mit Fönfrisur hinstellen, beim zu weit geschnittenen Sakko die Ärmel hochkrempeln, die Caprifischer mit Dackelblick in die Kamera seufzen, während im Hintergrund ein stiernackiger Lederhosenträger mit vom Schunkeln geröteter Bierbirne Handbussis in die Wohnstuben schickt? Willkommen in der Wirklichkeit.

Das wäre, als wolle man einen Witz über einen Witz erzählen. Also zum Beispiel: »Da sagt ein Mann … hihihi …, der sein Lachen kaum unterdrücken kann … hahaha …, zum anderen, dass ein Mann zum Arzt kommt, worauf der Arzt sagt … hohoho …« Die Pointe wäre damit gefangen in der Endlosschleife der Erzählebenen.

Genauso ist es mit dem Teleshopping: Man kann den perpetuierenden Wahnsinn, der einem da rund um die Uhr ins Wohnzimmer schwappt, nicht übertreffen. Allein die – nennen wir sie der Einfachheit halber mal *Moderatoren*: Denen hat offenbar noch niemand erklärt, dass die Zuschauer zwar weit entfernt an ihren Empfangsgeräten sitzen, diese Entfernung aber durch ausgefeilte Sendetechnik überbrückt wird – und nicht durch Schreien in der Lautstärke eines brunftigen Hirschs.

Andererseits nötigt es einem fast schon wieder Respekt ab, dass man über eine Digitalkamera, die selbst aus dem Grabbeltisch des Elektrodiscounters ausgemustert wurde, so in Rage geraten kann, dass man den Fernsehzuschauer ekstatisch anbrüllt, weil es einfach unfassbar sei, dass man damit nicht nur Fotos machen, sondern sich diese sofort danach auch noch anschauen könne. Auf einem Bildschirm! Der wo leuchten tut!

Gleichermaßen respektvoll neigen wir unser Haupt vor diesem Berufsstand, ach was: Berufungsstand, dessen Auserwählte ebenso Wäschefaltbrett-Experten sind wie Schlagbohrmaschinen-Spezialisten. Universalgenies unserer Zeit. Die es schaffen, mit einem Blautopas mit facettiertem Eternity-Schliff, eingefasst in einen echt goldimitierten Solitär-Ring, eine halbe Stunde Sendezeit zu füllen. Da schaffen es Nachrichtensender, wenn's hoch kommt, gerade mal, uns die Zusammenhänge zwischen der globalen Klimapolitik und dem Wechselkursverhältnis Dollar/Yen zu offenbaren.

Diese real ironisierenden Formate sind also reinstes Bildungsfernsehen! Denn offensichtlich verdienen sich die Macher dieser Sendungen nicht trotz, sondern gerade wegen dieser marktschreierischen Hupfdohlen einen goldenen Arsch … also Nase, na, Sie wissen schon.

Woran mag das liegen? Am Angebot wohl kaum. In letzter Zeit werden wir – wenn wir des Nächtens verschämt von den Werbepausen privater Sendeanstalten, die gefüllt sind mit betagten Frauen, die betagte Körperteile so nah an die Kamera halten, dass man ohne Anatomiekenntnisse erst mal gar nicht sicher sagen kann, worum es sich dabei handeln und was man damit nun anstellen soll –, mit allerlei seltsamem Gerät zu ködern versucht.

Moderne Foltermaschinen malträtieren uns da visuell, ohne dass wir unseren Körper schon davon hätten verrenken lassen.

Denn die Möglichkeiten, unsere schlaffe Hülle mit Bändern, Elektroden, Cremes, Saunagürteln und Duschköpfen in Form zu bringen oder mittels Entsaftern und Spirulina-Tabletten in Form zu essen, scheinen erschöpft. Nun fordern die Betreiber vom Einkaufsfernsehen auch noch unsere Motorik heraus. Sagen dem, je nach Zuschauergruppe mühsam erworbenen aufrechten Gang den Kampf an mit Gerätschaften, die direkt aus einem 60er-Jahre-Ritterfilm zu stammen scheinen: »Ab Circle« heißt eines dieser neuen Geräte, das uns die Werbepausen mit Akrobatikeinlagen versüßt, die aussehen wie eine Mischung aus dem Paarungstanz eines Rauhaardackels und Bruce Darnells Catwalk. Wer dabei noch so gut gelaunt aussehen will wie die dauergrinsenden Vorführmodels, der sollte gleich den digitalen Mimikstimulator mit bestellen. Humor wird nämlich benötigen, wer sich nachher mit den massiven Haltungsschäden, die mir als medizinischem Laien unausweichlich scheinen, in die Öffentlichkeit begibt. Aber das ist ja noch nicht das Ende der phantasiereichen Produktpalette. Mein persönlicher Favorit zurzeit: Das mit dem Namen »Sexy Legs« versehene Monstrum, das in Aktion aussieht, als habe man sich ein Bügelbrett in den Schritt getackert.

Was können wir als Autoren davon lernen? Ganz gewiss eines: Neue Absatzmärkte warten auf uns, allerdings nicht mit dem langweiligen alten Buch, es muss komplizierter werden: vielleicht ein solarbetriebenes digitales Lesegerät, dessen Seiten nur im Kopfstand unter Wasser entziffert werden können, und das gleichzeitig rotiert und dadurch die Nackenmuskeln entspannt, während es mit Elektroschocks die Großhirnrinde stimuliert. Das könnte was werden.

Gute (Unter-)Haltung.

Unterwegs im Auftrag des Herrn Kluftinger

Was sind Fremde unter Fremden? Ein Zug mit Fremden, der unter einer Brücke durchfährt, auf der ganze viele Fremde stehen. So hat es Karl Valentin formuliert und er hatte recht – wenn er auch mathematisch etwas unscharf war. Denn Fremde gibt es paradoxerweise aber auch in anderen Städten oder gar Ländern, die wimmeln ja geradezu von Fremden, obwohl sie doch voll von Einheimischen sind.

Bevor wir versuchen, dieses Paradoxon mithilfe der Quantenphysik zu lösen (die ja auch zwei konträre Zustände von Teilchen zulässt – aber das wussten Sie natürlich längst), wollen wir dieses Phänomen genauer spezifizieren. Mit einem Loblied auf die Fremden in der Fremde. Schließlich fühlen wir uns oft mit ihnen solidarisch …

Das Autorenduo vor dem Ulmer Münster. Oder war das jetzt der Kölner Dom? Nein, jetzt haben wir's: Sankt Blasius und Alexander in Altusried – fahren Sie mal hin!

Tschaikowskiplatz!

Von Volker Klüpfel

Letztens haben wir in Wien gelesen.

Dazu muss man wissen: In Wien ist manches anders.

Anders als bei uns, meine ich.

Denn Wien ist in Österreich.

Das allein wär jetzt vielleicht nicht so gravierend, aber es bringt natürlich eine weitere Besonderheit mit sich: Wien ist voller Österreicher.

Genau wie Kufstein, Vöcklabruck und Hohenems, wo wir auch schon zu Gast waren. Oder Salzburg, Sulzberg, Feldkirch, Dornbirn. Sie verstehen.

Ich will mich aber auf Wien beschränken, das ist immerhin die Hauptstadt und wird selbst von den Österreichern als noch spezieller als der Rest empfunden. Damit keine Missverständnisse aufkommen: Diese ganzen Besonderheiten sind sehr schön, denn man bekommt sofort so ein Gefühl. Sie wissen schon: ein Hauch von Exotik, von Geheimnis und Fremdartigkeit, der einen umweht. Wie im Urlaub. Auch wenn man gar nicht zum Urlauben gekommen ist, sondern, wie wir, zum Arbeiten.

Früher signalisierte einem schon der stets gut gelaunte Grenzposten, der deutschen Reisenden gerne ein fröhliches »Do foah ma jetzt eh erst amoi rechts ran« entgegenschmetterte, dass man sich in einen anderen Kulturkreis begibt. Wer durchgewinkt … durchgewunken … passieren durfte, stellte spätestens beim Anblick der gelben Fahrstreifen fest: Das ist hier irgendwie anders. Aber nun? Die gelbe Farbe ist in europäischem Einheitsweiß ausgeblichen und die Grenzer – nun ja, zwar nicht aus-, aber wahrscheinlich verblichen.

Also keinerlei Unterschiede mehr? Doch, es gibt sie noch. Saubermach-Betriebe heißen in Wien Putzerei, Zeitschriftenläden Trafik, und einen Latte Macchiato, von deutschen Touristen gerne Maddschiato ausgesprochen, heißt dort Melange, von deutschen Touristen gerne Melanngsch ausgesprochen. Jetzt wird der Wiener vielleicht einwenden: Ha, Melange ist das Original, nicht die Latte, wir hatten die Kaffeehauskultur schon, da sind viele Länder überhaupt noch nicht entdeckt gewesen. Dem halte ich entgegen: Warum gibt es dann erst seit Kurzem Starbucks-Filialen in der österreichischen Hauptstadt, hm? Ja, ja, immer erst mal nachdenken, bevor man gescheit daherredet …

Wer wissen will, warum das alles so ist, der muss gaaaanz tief in die österreichische Historie eintauchen, sich intensiv mit dem kulturphilosophischen Erbe der Nation beschäftigen. Das wäre jetzt ein bisschen viel verlangt von Normalmenschen wie … Ihnen zum Beispiel, lieber Leser. Ich hingegen habe das getan und werde es Ihnen in Kurzform erläutern, ganz verständlich, ohne viel wissenschaftliches Brimborium.

Also: Österreich war einst eine große, bedeutende Nation, auch wenn das heute kaum mehr vorstellbar erscheint. Deswegen gibt es in Wien diese tollen großen Bauwerke. Die sind nämlich nicht, wie oft fälschlicherweise angenommen, auf Wunsch japanischer Touristen errichtet worden. Diese bedeutende Nation hatte zum Beispiel eine Sisi. Weil die Sisi aber Romy Schneider hieß und keine Österreicherin war, sondern Deutsch-Französin, da haben die Österreicher gedacht: Blöd jetzt, da müssen wir was erfinden, was genauso gut ist wie die Sisi. Das waren dann Fiaker, die Sachertorte und »Am dam des«. Und statt der Weltherrschaft erfand man die ganzen Kaffeesorten wie Einspänner, Verlängerter und Großer Brauner. Das ist, ein bisschen verkürzt, die sozialpsychologische Begründung für das, was sich heute Österreich nennt.

Verweilen wir kurz bei »Am dam des« – und für die, die's nicht wissen (also alle Norddeutschen): Es geht ums Fernsehen. Die Einladungen ins Nachbarland freuen uns immer ganz besonders, denn im Herzen sind wir auch ein bisschen Österreicher. Jedenfalls haben wir einen guten Teil unserer Kindheit dort verbracht. Also, nicht richtig im Land, sondern im ORF. So heißt da das Fernsehen. Und das war mehr als einmal die Rettung verregneter Pfingstferientage meiner Kindheit. Aller Kindheiten meiner Generation.

Dort gab es um 10:30 Uhr immer ganz tolle Filme zu sehen. Um etwas Vergleichbares im deutschen Fernsehen anzuschauen, musste man schon warten, bis die Eltern zum Kegelausflug außer Haus waren und den Sprössling lesend im Bett wähnten. Dann hatte man den Fernseher für sich, was man dann aber wiederum dazu nutzte, ORF zu gucken, denn da konnte man damals so viele nackte Brüste wie sonst nirgends sehen.

Nachmittags gab es dann »Am dam des«, das mit diesem kryptischen Reim (disse malle press, disse malle pumperness) begann, den man als Kind nie verstanden, aber eben auch nie hinterfragt hat, und das nichts anderes war als verfilmter Kindergarten in einem Studio, das wie eine Mischung aus »Raumschiff Enterprise«, »Dalli-Dalli« und dem »Ikea-Kinderparadies« wirkte.

In Wikipedia, dieser Kindheitswunder-Entzauberungsmaschine habe ich mal gelesen, dass es sich bei dem Lied um einen tschechischen Abzählreim handelt, was ich aber gleich wieder verdrängt habe. Es soll ein Mysterium bleiben wie Petzi, der kleine braune Handpuppenbär, der sich im »Betthupferl« (auch so eine wunderbare Österreich-Erfindung, die heute in den kleinen Schokoladentäfelchen ihre Fortsetzung findet, die abends wie von Feenhand hingetupft auf den Hotelbett-Kissen liegen) immer unerträglich altklug und besserwisserisch durch seine Pappkulissenwelt plapperte.

Gibt es diese Sendungen noch? Wohl kaum, wenn überhaupt, dann computeranimiert und unter Titeln wie »Am dam des«, »Motherfucker« und »Petzi reloaded«.

Aber Österreich gibt es noch, und das ist gut so. Unsere erste Begegnung mit den Eingeborenen damals in Wien, von denen es zwischen den ganzen Japanern auch nicht mehr sooo viele gibt, hatten wir in einem Aufzug hinunter zur U-Bahn. Dort meinten ein paar wegen unseres Dialekts, wir seien aus Vorarlberg. Man ist ja immer ein bisschen stolz darauf, wenn man im Ausland für einen Einheimischen gehalten wird, aber ehrlicherweise gaben wir zu, dass wir aus Deutschland kommen. Da hatte es der Fragesteller plötzlich ziemlich eilig und musste dringend weg – klar, in einer wichtigen Metropole haben die Leute eben immer was Wichtiges zu erledigen.

Als wir dann in die Straßenbahn umgestiegen sind, ist etwas passiert, das uns gezeigt hat: In Wien ist alles anders, schöner irgendwie, edler, stilvoller. Wir hörten gerade den Schaffner die nächste Haltestelle ansagen, den »Tschaikowskiplatz«, da stellten wir fest, dass es gar nicht der Schaffner war, sondern eine Frau, die ihren Hund mit den Worten zur Ordnung gerufen hatte: »Tschaikowski, Platz!«

Im Ernst: Tschaikowski! Ist das nicht toll. Und dabei ist das nicht mal ein österreichischer Komponist. Hier vereinen sich Weltläufigkeit und Bescheidenheit, Hochkultur und Haustierhaltung zu einem klangvollen Ganzen, einem symphonischen Säuseln, das einen auf dem Weg durch die Stadt wie eine Melodie begleitet.

Und wenn man dann in einem der zahlreichen ursprünglichen Kaffeehäuser sitzt, dem Demel oder dem Sacher etwa, umgeben nur von Einheimischen, bei einem Doppelmokka über die Stadt Mozarts – oh, Pardon, der war ja Salzburger –, also über das Land Mozarts und so bedeutender Schauspieler wie Christoph Waltz – Mist, der ist ja Deutscher – oder großer Fußballspieler wie … wie … nun ja, allgemein eben über die Schönheit des Landes sinniert, begleitet von der Spannung, wie wohl die Kellner heute aufgelegt sein mögen (und vom Verdacht, dass hier die noch nicht verblichenen Grenzposten ein neues Betätigungsfeld gefunden haben), dann kann man nicht anders als zu frohlocken: Was für eine wunderbare Stadt! Was für ein wunderbares Land. Sollte es nicht klar geworden sein: Das ist ganz ernst gemeint.

Es gäbe noch so vieles aufzuzählen, was man nur hier vorfindet.

Nur eines allerdings gibt es in Wien nicht: einen Tschaikowskiplatz.

Für ihre Künstler ist den Veranstaltern das Beste gerade gut genug. Das beginnt bei der Sanitärausstattung …

… und geht bis zur Hautpflege. Wenn Sie sich fragen sollten, warum nicht nur die Hände von Herrn Klüpfel so samtig weich sind, sondern auch seine Haut so makellos faltenfrei, dann sehen Sie hier sein Geheimnis: tonnenweise Schminke.

Der Lebensfreude-Coach

Von Michael Kobr

Neulich war ich mal wieder unterwegs in der Republik, wie immer mit der Mission, dem Klufti die Welt zu zeigen.

Gut, die Welt war es jetzt nicht gerade. Aber immerhin eine kleine Großstadt. Auch wenn man sie auf der Landkarte nicht so ganz einordnen kann, wenn man ihren Namen hört. Irgendwo in Baden-Württemberg. Schneeregen, drei Grad, alles grau. Nicht gerade ein Quell der Lebensfreude. Zu meinem Erstaunen fand ich dort gleich eine Filiale meines Lieblings-Kaffeeladens. Sie wissen schon, Sterntaler, das Original aus Amerika. Wo man sich immer ein bisschen fühlt, als wäre man in New York. Na ja, in irgendeiner Seitenstraße vielleicht. Wo coole Swingmusik plätschert und Frank Sinatra singt, wo es im Herbst Pumpkin Spice Capuccinos gibt und vor Weihnachten den Christmas-Blend und Lebkuchen-Latte Venti mit Sahne und Toffee Roast Cookie-Splittern als Topping. Und wunderschöne USA-Coffeemugs. Hm? Mugs, das sind doch diese großen Kaffeebecher, jetzt stellen Sie sich nicht so an! Wo die Kaffeemaschine brodelt und die Mühle mahlt, wo es die allerallerallerallerbesten Kuchen gibt, von denen man aber eigentlich aus ernährungsphysiologischen Gründen streng genommen keine essen kann, weil sie wahlweise aus reiner Schokolade oder aus purem Zucker mit Fettglasur bestehen. Aber halt wahnsinnig lecker sind. Und wo man sich sogar Muskat, also englisch nutmeg, in den Kaffee geben kann. Ganz für umsonst. Mach ich eigentlich immer, kann doch nichts schaden, oder? Und irgendwie schmeckt es apart.

Ja, nicht dass Sie meinen, ich will jetzt Kritik üben an diesen Coffeeshops, nein, im Gegenteil, ich bin ein Riesenfan davon. Da geht's einem einfach gut. Alles ist wunderschön dort. Die Stühle, die unerhört weichen braungrauen Sessel, ja sogar die Leute schauen netter aus, als wenn man ihnen in der Fußgängerzone begegnet. Und alles schmeckt nach Christmasshopping in New York. Ab Oktober jedenfalls.

Ich liebe es, dort zu sitzen und zu arbeiten. Das steigert regelrecht meine Lebensfreude. Manchmal aber, da kann ich mich nicht auf meine Arbeit konzentrieren in den Läden, beim besten Willen nicht. So wie eben in dieser Stadt neulich. Ich musste das Gespräch einfach mithören.

Schon beim Reinkommen sah ich ihn im Augenwinkel. Er hatte den besten Platz besetzt, leicht erhöht, und die zwei Sessel neben ihm zierten eine dieser dicken Fleecejacken mit Huskys oder Wölfen drauf, die den Mond anheulen, und eine große Ledertasche, die einem Trapper alle Ehre gemacht hätte. Er selbst, vielleicht Mitte fünfzig, hatte lange, zum Zopf zusammengebundene graue Haare und einen weißen Bartansatz. Es war einer dieser Leute, die irgendwie in ihren ganzen Proportionen viel zu groß wirken und dadurch auch ein wenig ungelenk. Wahrscheinlich das, was man früher einen Riesen genannt hätte.

Ich ging also mit meinem Mug zum Nebentisch und setzte mich – und da ging es los. Der Riese winkte einen deutlich jüngeren Bekanten, eindeutig ein Mitbürger mit Migrationshintergrund, aber zweifelsfrei auch wohlintegriert, nicht dass da Zweifel aufkommen, zu sich und das Gespräch begann. Ich hätte mich beinahe umgedreht, so sehr überraschte mich der Akzent des grauhaarigen Mannes: Er hatte einen unverkennbar amerikanischen Zungenschlag, in den sich aber ein deutliches Schwäbeln mischte. Nach einer Weile des Small Talks kam also der Gesprächspartner auf die neuesten Projekte des Mannes, den er Ändi nannte, zu sprechen.

»Ja weisch du, i hab dene Loide, mid denen isch gredet hab, dodal geholfm. Aba dann had ma mir gsagd, i kann mich net Heiler nennen. Weil i wolld mi ganzheitlischer Heiler nennen, aber des geht hier in Deutschland net. Und dann isch mir eingefallen, dass ich doch auch noch des Lebensfreudediplom hab, fürs Lebensfreudecoaching, net? Also sag isch halt einfach, i bin a Lebensfreudecoach. Und jetzt verteil i da im Coffeeshop a bissle so Gutscheine, da können dann die Leut kostenlos eine Viertelstunde mit mir telefonieren oder halt hier mir an Kaffee spendieren und mit mir reden, dass es ihne wieda besser geht. Und beim nächsten Mal zahlen sie dann dafür, dass ich mit ihne red.«

Ein allzu guter Ratgeber schien er aber nicht zu sein, denn zu meinem großen Erstaunen bekräftigte er den selbst ernannten Heiler nicht nur in seiner Geschäftsidee, sondern auch gleich in dem Vorhaben, all seine Gespräche hier im Café zu führen, denn da würden sie sich besonders offen geben und frei über ihre Probleme sprechen. Doch immerhin gab er dann noch das Argument »Privatsphäre« zu bedenken.

»Vielleicht, dass i in Park geh, ist aber im Winter ein bissle kalt, aber wenn i Maroni hol und dazu a Decke, dann geht's, das kann isch glei ins Heilgespräch integriern. Zum Beispiel der Dieder, mit dem war isch neulisch spaziern, und was soll isch dir sagen: Der hat so Schmerzen im Finger gehabt, des hat gepocht und alles und da hab isch ihn gefragt, willsch du was ändern? Und er hat Ja gsagt und nach 5 Minudn waren die Schmerzen weg.«

Wieder begeisterte Zustimmung des anderen. Und zugegeben: Auch bei mir war das Lebensfreude-Barometer deutlich gestiegen. Dann aber wurde es ein wenig abstrus. Denn Ändi ließ sich von seinem Gegenüber beraten, wie er die Social-Media-

Plattformen für seine Geschäftsidee nutzen könnte. Da ging es dann um Fanseiten und die Prognose, dass es in Kürze ohnehin einen Ändi-Fanclub geben könnte und die Queen sei ja auch bei Facebook und er müsse keine Angst haben, zu viel Fanpost zu bekommen.

»Und weisch, im Momend könnd i den Fans gar ned antworten, weil i hab gar kein Computer und kei Laptop, des isch alles no bei der Polizei!«, versetzte Ändi dann noch.

Polizei? Da hab ich ganz langsam meine Sachen eingepackt. Schön unauffällig, sodass Ändi keinen Verdacht schöpfen konnte, ich hätte da was mitnotiert über ihn. So genau weiß man ja auch nie, woher solche Leute ihre Lebensfreude beziehen. Ich hab da nämlich so einen Verdacht: Ob es doch von dem Zeug kommt, das in den Kaffeeläden in Pfefferstreuern steht? Ob das wirklich nur Muskat ist? Ich meine: Wer streut sich schon Muskat in den Kaffee?

Ob Ändi ein Opfer dieses Lebensfreude-Pulvers ist, das die als Muskat tarnen? Oder vielleicht der oberste Guru der Lebensfreudepulver-Verteiler, die heimlich echtes Muskat gegen indianisches Lebensfreudepulver austauschen? Drogen? Deshalb der Name »Coffeeshop« für diese holländischen Hanfläden? Ich weiß es nicht. Wenn Sie Ändi fragen wollen: Gehen Sie in diese kleine, württembergische Großstadt. Auch als ich auf der Rückreise dort noch einmal durchkam, saß er wieder da, gleiche Haltung, gleiche Kleidung. Oder saß er … noch immer da? Wer weiß das schon?

Seit ich nichts mehr von diesem nutmeg-Pulver in den Kaffee gebe, hab ich ihn jedenfalls nicht mehr gesehen. Aber ich glaube nicht, dass das in irgendeinem Zusammenhang steht. Oder?

Unterwegs findet man immer wieder wertvolle Anregungen für kreative Rechtschreibung …

… insbesondere, wenn e's um die Verwendung des Genitiv-s geht.

Unser Jetset-Leben als wahnsinnsberühmte Superpromis

Jetzt kommen wir zu dem Kapitel, das für Sie vielleicht am interessantesten ist. Unser Leben hat sich inzwischen ja radikal geändert. Früher waren wir normale Menschen, die unbemerkt in der Masse untergingen – so wie Sie, liebe Leserinnen und Leser.

Doch nun führen wir ein Jetset- (na ja, vielleicht eher ein Regionalexpress- oder manchmal sogar ICE-)Leben. Sind auf Du und Du mit den Show-, Polit- und Societygrößen unseres Landes, tummeln uns auf Galas (und dort vorzugsweise am kalten Buffet), Empfängen, Events und was für wenig einladende Bezeichnungen diese Veranstaltungen sonst noch haben, die meist nur einem Zweck dienen: der ständigen Versicherung der Selbstrelevanz der namentlich geladenen und höchstpersönlich vom Protokollchef zum Sitzplatz gebrachten Gäste. Warum das bei uns leider bisher so gar nicht hingehauen hat – lesen Sie die deprimierenden Erfahrungsberichte eines echten »Clash of Civilisations«, des ungebremsten Zusammenpralls zweier absolut unvereinbarer Welten: der des Glamours und der des Allgäus.

Die geplante Karriere als Allgäuer Gangsta-Rapper scheiterte leider, ehe sie richtig begonnen hatte ...

Stopp, die Promis kommen, oder: E-Mails an Claus Kleber

Von Volker Klüpfel

Letztens wieder Preisverleihung des *Corine internationaler Buchpreis* gewesen. Sperriger Titel, aber heißt nun mal so. Als Vorjahres-*Corine-internationaler-Buchpreis*-Gewinner waren wir auch eingeladen. Haben damals den Weltbild-Leserpreis bekommen, worauf uns zahlreiche Leute zur »Korinne«, zur »Koriehn« oder wahlweise auch zu »dem Preis mit der Frau da« gratuliert haben.

Dieses Jahr also wieder da. Und festgestellt: Sic transit gloria mundi. Frei übersetzt heißt das etwa: »Und Sie schreiben – was für Bücher?« Denn der Einlass ins imposante Prinzregententheater führte für alle über den roten Teppich. Links standen die Fotografen, die auf wie immer zahlreich erschienene Prominenz warteten. Als wir kamen, hielt uns ein freundlicher Herr am Eingang auf – allerdings nicht, um uns für die Fotomeute ins rechte Licht zu setzen. Nein, vielmehr, damit wir Allgäuer Tölpel nicht in das Bild latschen, das da gerade von echten Prominenten gemacht wird.

Der Platz, den uns die Veranstalter dann im Theater reserviert hatten, war um einiges prominenter als wir selbst: dritte Reihe, Mitte, direkt hinter Claus Kleber, direkt neben Vadim Glowna. Mit Letzterem haben wir sogar mehrere Dinge gemeinsam: Er hat nicht nur in jeder deutschen Krimiserie schon mal den Mörder oder Mordverdächtigen gespielt (Krimigenre, Gemeinsamkeit #1), er hatte sogar eine Rolle in der Literaturverfilmung eines Buches von Martin Walser (letztes Jahr Preisträger wie wir,

Lauter Prominente auf der Bühne – und wir halt.

Gemeinsamkeit #2): *Ein fliehendes Pferd*. Das wurde vor Kurzem noch einmal von Rainer Kaufmann verfilmt – demselben Regisseur, der unser Buch *Erntedank* verfilmt hat (Gemeinsamkeit #3). Herr Glowna war sich dieser überaus engen Verbindung wohl nicht bewusst, und falls doch, hat er es sich nicht anmerken lassen. Vielleicht hat er uns auch einfach nicht so gut gesehen in all dem Trubel.

Dass wir noch eine weitere Gemeinsamkeit haben, stellte sich dann im Laufe der Veranstaltung heraus: Während ein Kirchenmann die Laudatio auf Erzbischof Marx hielt, bimmelte in der Glowna'schen Jackentasche das iPhone – hab ich gleich am Klingelton erkannt, weil ich ja auch eins hab. Das war der erste Lacher der ansonsten eher ernsten Veranstaltung mit lauter unwahrscheinlich deprimierenden Büchern über Krankheit, Krieg und Tod und ähnlich unterhaltsamen Themen. Mit zittrigen

Fingern hat Herr Glowna es geschafft, sein Telefon zum Schweigen zu bringen, unter scharfer Beobachtung von Herrn Kleber. Der hat sein iPhone offenbar besser im Griff, denn eine halbe Stunde später war ihm wohl ein bisschen langweilig und er zog es raus, um seine E-Mails zu checken. Mindestens 80 hat er gekriegt – da merkt man einfach, dass er der »sexiest anchorman alive« ist, wie Moderatorin Katrin Bauerfeind gemeint hat. Ich glaub, das hat dem Herrn Kleber gefallen, denn er hat der Frau Bauerfeind schelmisch mit dem Zeigefinger gedroht, als er rausgekommen ist, und sein perfekter Scheitel hat sich dabei sogar kurz bewegt. Jedenfalls war bei seinen Mails, soweit ich das sehen konnte (nicht, dass ich geguckt hätte), kein Absender dabei, der auch nur annähernd so prominent ist wie die Auf-dem-roten-Teppich-Fotografierten. Enttäuschend, hätte ich doch mindestens ein paar Nachrichten dieser Art erwartet:

obama.barrack@sexiest-us-president-alive.com:
Dear Claus, you should really come back in the States as correspondant, we need more attraktive people in America.

Oder auch:

tom.buhrow@ganzundgarnichtsexyanchorman.de:
Lieber Kollege, ist meine weibliche Fanpost vielleicht bei dir angekommen? Mein Postfach ist leer.

Aber: Fehlanzeige. Keine Mails dieser Art. Und so endet mein Bericht von der Buchpreisverleihung lediglich mit einer Einsicht (eigentlich zwei, aber die, dass man bei Fernsehveranstaltungen sein Telefon besser ausschaltet, hatte ich vorher schon):

Damit wir auch mal von der Jury die Corine bekommen, muss im nächsten Buch unser Kluftinger am besten an einer unheil-

Elvis lebt. Die neueste Sichtung wird aus einem Outlet-Store in Metzingen berichtet. Schade, dass Sie die Farbe nicht sehen können: herrlichstes Bonbonrosa – ein traumhaftes Stöffchen!

baren Krankheit leiden, im Verlauf derer mindestens einen Körperteil verlieren, seine Beamtenpension den Armen vermachen und in geheimer Mission nach Afghanistan fliegen, um dort politische Gefangene zu befreien. Der Titel könnte dann etwa heißen:

Septembermelancholie. Über die Anwesenheit des Abwesenden und die Sehnsucht danach.

Priml.

Beobachtungen auf der lit.Cologne oder: Warum ich gerne Roger Willemsen wäre

Von Volker Klüpfel

Wissen Sie, wer ich gerne wäre?

Nein, nicht Frank Schätzing.

Roger Willemsen! Steht doch in der Überschrift, jetzt konzentrieren Sie sich halt ein bisschen.

Fast wäre ich es sogar geworden. Also ich meine: ein Roger. Stand bei meinen Eltern ganz oben auf der Liste der Wunschnamen. Man selbst wird da ja leider nicht gefragt, aber lange Zeit war ich tatsächlich froh, dass er dann doch noch von Platz eins verdrängt worden ist. Wobei Volker, der es schließlich geworden ist, vom Coolness-Faktor her ähnlich hoch anzusiedeln ist und in einer Liga spielt mit Waldemar oder Hartmut, die aber nicht im Rennen waren. Allerdings hat Roger einen entscheidenden Vorteil: Er ist international kompatibler. Man denke nur an ein von vollen französischen Lippen gehauchtes »Rrrroschee« oder ein hartes, von einem stiernackigen Texaner gerufenes »Radschr«. Da brauch ich mit meinem Volker im Ausland gar nicht erst ankommen, dieser urgermanische Name ist selbst für die meisten unserer direkten Nachbarn erstens unaussprechlich und zweitens unaussprechlich unsexy, vergleichbar mit anderen deutschen Lifestyle-Exportschlagern wie Birkenstock oder Heino.

Aber Willemsen will ich ja auch nicht wegen des Namens sein, sondern wegen … na ja, allem halt.

Neulich zum Beispiel auf der lit.Cologne. Das ist ein pompöses Promitreffen der Literaturszene am Rhein, was man zum Beispiel daran sieht, dass uns ein Autor im Foyer unseres pompösen Hotels sagte, dass man sich nachher unbedingt im Schokoladenmuseum treffen müsse, weil »da darf man rauchen und alle sind berühmt«.

Rauchen durfte man tatsächlich.

Aber das nur nebenbei.

Als ich am nächsten Morgen aus unserem pompösen Hotel auschecken wollte, spielte sich dann folgende Szene ab: Mir wurde von der Rezeptionistin mit professioneller Freundlichkeit begegnet, ich wurde höflich gefragt, ob ich denn etwas aus der Minibar gehabt hätte, was ich pflichtgemäß verneinte, denn auch bei von anderen bezahlten Hotelaufenthalten reuen mich als Schwabe die vier Euro für ein stilles 0,3-Wasser dermaßen, dass ich dafür nicht nur mit zu viel Geld, sondern auch mit meinem friedlichen Schlaf bezahlen müsste. Ob ich weitere Ausgaben gehabt hätte, wollte die Dame in der adretten Hoteluniform mit gleichbleibender Freundlichkeit noch wissen, wobei sie sicher das Angucken schweinischer Filmchen meinte, was ich natürlich sofort empört verneinte. Ich traue mich ja nicht mal, einen der oft wirklich sehr spannenden Pay-TV-Spielfilme anzuschalten, weil ich nicht glaube, dass die auf der Rechung nach Sex- oder Actionfilm trennen, und ich dem wissenden Lächeln der Rezeptionistin am nächsten Morgen nichts außer einem schamhaften Erröten entgegenzusetzen hätte, worauf ich denken würde, da hätte ich jetzt auch gleich den Erotikstreifen anschauen können, wenn das jetzt eh jeder denkt.

Wie gesagt: Auch diese Frage verneinte ich, worauf mir die Dame mit professioneller Freundlichkeit einen schönen Tag wünschte, ich aber in ihren lächelnden Augen die Frage lesen konnte: »Wann kommt denn in diesem mit Berühmtheiten vollgestopften Hotel endlich mal wieder jemand Prominentes vorbei …« Während ihre Augen dies also noch lautlos fragten, ging in ihrem Gesicht plötzlich die Sonne auf. Ich dachte schon, sie hätte mich erkannt, da stieß sie mit einer Emphase, die weit jenseits professioneller Freundlichkeit lag, die Worte aus: »Guten Morgen, Herr Willemsen!«

Ich drehte mich um – und da stand er tatsächlich, in einem lässigen blauen Anzug, die Krauslockenfrisur nonchalant um den Kopf gebogen, den Mund zu einer zufriedenen Schnute geschürzt.

Ich war sowieso fertig und beschloss, ein paar Schritte abseits zu beobachten, wie man so freundlich begrüßt, ach was, sagen wir es ganz direkt: wie man Roger Willemsen wird. Was soll ich sagen? Wäre das Wort Charmebolzen noch nicht erfunden, jetzt wäre dessen Einführung in die deutsche Sprache unerlässlich gewesen. Es kam sogar noch eine zweite Rezeptionistin dazu, und so wurde zu dritt geschäkert, gelacht und geflirtet, dass es nur so funkte.

Schließlich bog dann auch noch Christian Brückner um die Ecke, die deutsche Stimme von Robert De Niro, und ich dachte schon, jetzt müssen sie die beiden Hotelmitarbeiterinnen gleich beatmen, aber Herr Brückner wirkt dann doch stärker, wenn man ihn nur hört, und als er weg war (Roger: »Mein Lieber, tschüss!«), versuchte Herr Willemsen noch eine kleine Ehrenrettung, indem er sagte, Herr Brückner sei praktisch »eine Legende«. Was er nicht sagte, aber unausgesprochen im Raum stand: Legenden dürfen auch selbst in pompösen Hotels in der Glanz-Jogginghose frühstücken.

So wurde ich also Zeuge eines der letzten großen Verführer unserer Zeit, einer künftigen Legende sozusagen, und wollte mich schon abwenden, da mir klar wurde: Das kriegst du eh nie so hin, mach dir gar nicht erst die Mühe, sei froh, wenigstens einmal Zaungast gewesen zu sein bei Don Juan de Willemsen.

Gott sei Dank habe ich aber noch gewartet, denn sonst hätte ich den Schluss des Ganzen verpasst. Da kam nämlich ein

Hier beantworten wir gerade einem Fernsehteam die Frage, ob wir irgendwelche Promis gesehen haben, die man vielleicht interviewen könnte. Was sonst so passiert, wenn wir über den roten Teppich laufen, kann man sich übrigens auf Youtube anschauen, oder auf *www.kommissar-kluftinger.de*

Taxifahrer rein, ging schnurstracks auf Roger Willemsen zu und fragte den erwartungsvoll Dreinblickenden: »Sind Sie Herr Heinrich?«

Auf diesem Foto aus dem Jahr 2005 schreiben wir gerade dem Dieter Fischer ins Stammbuch, dass er doch mal einen Bürgermeister spielen sollte, das könnte was werden …

Auf der gleichen Veranstaltung sagt uns Michael Lerchenberg, dass er eher den Salvator-Anstich moderieren würde, als dass dieses Buch da ein Erfolg wird.

Bei der Brille des Literaten! (Beobachtungen auf der lit.Cologne II)

Von Michael Kobr

Hilfe! Jetzt ist es auch bei mir so weit! Ich brauch eine Brille! Wie? Nein, das ist nicht das Alter! Frechheit! Sooo alt bin ich auch wieder nicht. Deutlich unter 40 jedenfalls. Nur dass das klar ist.

Ich brauch ja keine Lesebrille – so eine halbe, zum Um-den-Hals-Hängen an einer goldenen Kette. Nein. Noch nicht. Noch muss ich mir auch kein kunstledernes Etui zulegen, wie jener Studiendirektor, den wir damals in Geschichte hatten. Der, der uns in den späten 80er-Jahren mit einem seltsam starren Gesichtsausdruck verkündet hat, er sei »lieber tot als rot«. Diese Brille – sie steckte in dem unten offenen Etui, das vor seiner Brust baumelte – war irgendwie sein Markenzeichen. Fast das Einzige, woran ich mich bei ihm erinnern kann. Bis auf diese mächtige Glatze, deren Herkunft wir auf das häufige Tragen von Stahlhelmen in der Jugendzeit zurückführten. Die Brille wies ihn als Angehörigen einer bestimmten Berufsgruppe aus: So eine Brille trug man erst ab der Beförderung zum Oberstudienrat.

Brillen erzählen ja oft Geschichten über ihre Träger. Es gibt die typischen »Als-Buchhalter-hab-ich-viel-Stress-aber-am-Wochenende-fahr-ich-mit-den-Kindern-im-Fahrradanhänger-zum-Bauernmarkt-Ökosachen-kaufen«-Brillen: oben schwarz, unten randlos und ein kleiner Schuss Ödnis. Dann gibt es noch die außen schlammfarbenen, innen bunten Designmodelle, die gerne mal innovative Schreinermeister tragen, die sich eher als Künstler denn als Handwerker fühlen, und deren Frauen der Ansicht waren, dass ein bisschen Farbe doch mal was Frisches habe.

Ganz zu schweigen von den roten, runden Kunststoffgestellen, die gern der Inhaber eines mittelmäßigen Landgasthofes in Mittelschwaben um die Mitte 40 trägt, weil ihm das eine ungeheure Ähnlichkeit mit diesem Fernsehkoch verleiht.

Aber zurück zu *meinem* Brillenproblem. Erstens: Ich seh zu gut. Also nix mit Krankenkasse und so. Ich muss mir mein Gestell komplett selber kaufen. Musste ich damals schon, als ich als Student unbedingt so eine Metallbrille wollte, die man beim Argumentieren in gaaaanz wichtigen Hauptseminaren zum Thema »Kafkas *Schloss* und die postmoderne Literaturtheorie seit Lévi-Strauss« immer so toll abnehmen und schwenken konnte. Als ich festgestellt hatte, dass das Seminar nichts mit Jeansmode zu tun hatte, war der Reiz der Brille übrigens schon wieder verflogen und ich hatte sie nur noch auf, weil ich einen dieser wunderbaren Sonnenbrillen-Aufstecker dazugekauft hatte.

Ich brauch eine Literaturbrille. Beziehungsweise eine Literatenbrille. Eine richtige. Nicht so eine, die ich mir letzten Herbst für die Messe in Frankfurt habe machen lassen. So eine schmale, dezente, die man fast nicht wahrnimmt im Gesicht. Die war so dezent, dass ich sie jetzt gar nicht mehr finde im Moment. Also seit einem Dreivierteljahr. Und so dezent, dass sie keiner bemerkt hat auf der Messe. War nicht von Armani oder Guess oder so, wo der Designer dick draufsteht. Nein, von Ermenegildo Zegna war die. Was für ein Name! Ermenegildo. Heißt übersetzt schätzungsweise Hermengild. Unterschätzter Name. Aber eine so unmerkliche Brille ist nix für Literaten.

Denken Sie sich einfach die Brille, die sich selbst der Klassenstreber damals, der, der Mathematik- und Französisch-Leistungskurs hatte, weil er ja so vielseitig begabt war und weil ja Astrophysik eh sein Hobby war, wenn er nicht gerade Schach spielte oder im Kirchenchor sang, nie aufgesetzt hätte. Weil ihm die Jungs vom Sport-LK aufgelauert hätten, um ihn nächtens in den Schulspringbrunnen zu werfen. Oder versuchen Sie sich die Brille des schwer vermittelbaren Bubis in »Eis am Stiel« Teil 1–9 in Erinnerung zu rufen. Diese Apparaturen, für die ein Begriff wie Nasenfahrrad ein echter Euphemismus ist. Genau diese Brillen tragen jetzt die Literaten. Und die, die sich für solche halten, weil sie gerade in der zwölften Klasse sind und Deutsch-LK haben und zum Frühstück regelmäßig ein paar Seiten Nietzsche in ihr Müsli bröseln, bevor sie das braune Cordsakko überziehen, das ihr Vater schon in den Kleidersammlungssack gesteckt hatte, und mit einer Antikledertasche losgehen zum wissenschaftlichen Propädeutikkurs in Rhetorik.

Riesengroße braune, schwarze, beige-fleischfarbene oder sogar weiße Rahmen, meist eckig, in denen das Fensterglas spiegelt. Sie können sich nicht vorstellen, wie groß die Dinger sind. Die können Sie sich bei Starkregen über den Kopf halten und Sie und Ihr Kind samt Wagen werden nicht nass. Es scheint eine Art Eintrittskarte in die Literaturszene zu sein. Obwohl es Gottlieb Wendehals, der diese Dinger ja auch immer bei seinen Auftritten trug, es trotzdem nie dorthin geschafft hat.

Jetzt stellen Sie sich uns beide vor unter all diesen bebrillten Litkoloonern. Ich mit nackten Augen, die prollige schwarze Ray-Ban in der Jackentasche – und Volker mit einer stinknormalen Durchschnittsbrille normaler Größe. Die haben uns angesehen und gedacht: »Ah, ist doch nett, dass sie jetzt die Fahrer auch bei dem Fest mitmachen lassen.«

Nicht, dass jetzt der Eindruck entsteht, dass wir die Literaten nicht mögen. Warum denn auch – wir kennen sie ja gar nicht. Haben auch noch nie mit einem geredet. Die reden nämlich nur mit Literaten. Also Poeten quasi.

Und so einer werd ich jetzt. Hab grad die Nummer des Managements von Gottlieb Wendehals gegoogelt.

Volker Klüpfel hat den Trend zur Literatenbrille eindeutig viel früher erkannt als Michael Kobr. Vielleicht liegt es auch daran, dass Herr Kobr keine Brille trägt.

SV Meppen gegen Wattenscheid 09 oder: Das Stierhuhn

Von Volker Klüpfel

Prominente werden ja zu allem möglichen Schnickschnack befragt – wahrscheinlich, weil sie Experten des Halbwissens sind, oder, falls es sich um Schauspieler handelt, erwartet wird, dass sie zumindest so tun können, als hätten sie von allem eine Ahnung – oder einfach nur zu allem etwas sagen, wozu man ihnen ein Mikro unter die Nase hält. Was bei den meisten Themen keinen Unterschied macht.

Das Ergebnis dieser sogenannten Von-nix-eine-Ahnung-aber-zu-allem-eine-Meinung-Bewegung kann man allabendlich in diversen Boulevardmagazinen begutachten: Da geben aufgehübschte Wetterfeen Schmink- oder Passend-zum-Wetter-anziehen-Tipps, anorektische Hollywoodgrazien erklären uns, wie man seine nicht vorhandenen Fettpölsterchen kaschiert, und deutsche Moderatoren deutscher Sendungen auf deutschen Fernsehkanälen senden uns geheimnisvolle Botschaften wie »Wihlofftoentertähnju« oder wünschen uns »Merrikristmasändahebbinujihr«. Neulich wurde ich sogar Zeuge, wie der oscargekrönte Filmregisseur Florian Henckel von Donnersmarck sein Gripperezept (also vermutlich war gemeint: Grippevermeidungsrezept) preisgab: Hühnerbrühe, »die aus dem echten Huhn und dem echten Rind gekocht ist, worauf die Kraft des Tieres in einen übergeht und man nicht mehr ein schwacher Mensch ist, sondern ein Stier«. Das auch zum Thema: Adel in Deutschland.

Wir, also der Kobr und ich, wir sind zwar nicht prominent, aber manchmal werden wir trotzdem gefragt und dann machen wir natürlich mit – und freuen uns diebisch darüber, dass unsere Nichtprominenz niemandem aufgefallen ist (was dann passiert, kennen Sie bereits aus *Stopp, die Promis kommen*).

Und schon sind wir in die gleiche Falle getappt wie die echten Promis. Diese Falle lautet: eitles Ignorieren des allgemeinverständlichen und seit dem Kindergarten gültigen Satzes: »Halt gefälligst die Schnauze, wenn du vom Thema nix verstehst!«

Womit wir bei besagtem Thema wären: Fußball. Jetzt ist es nicht so, dass ich gar nichts über Fußball wüsste. Nein, ich wohne ja in Augsburg, und weiß, dass die da … gewissermaßen … auch Fußball spielen. Und als zugereister Lokalpatriot und mangels Allgäuer Alternativen bin ich natürlich total dafür. Also, für Augsburg.

Ein durchaus gespaltenes Verhältnis zum Fußball gestehe ich jedoch ein. Fußballfans in großen Massen machen mir Angst (vor allem wenn sie in Büffelherden-Vielzahl den McDonald's-Schalter heimsuchen, an dem ich gerade einen kleinen Milchshake bestellen will). Auch habe ich das Regelwerk nicht bis in die letzten Verästelungen verinnerlicht und Spielerkollektiv ist mir auch keines so richtig ans Herz gewachsen, was daran liegen könnte, dass diese Kollektive vornehmlich eins tun: Fußball spielen. Und damit wären wir wieder beim Ausgangspunkt des Problems.

Aber Deutschland-Fan bin ich natürlich schon. Von Deutschland als Mannschaft, meine ich. Deswegen versammle ich mich regelmäßig bei internationalen Meisterschaften vor dem Fernseher und juble den Spielern zu, von denen ich weder die Namen kenne noch verstehe, wie sie auf unterschiedlichen Positionen spielen können, wo sie doch die ganze Zeit wie aufgescheucht auf dem Spielfeld hinter ein und demselben herrennen. Mein Bruder nennt mich wegen dieses nur zweijährlich wiederkehrenden Fußball-Interesses liebevoll »Schmarotzer«, was aus seiner Sicht verständlich ist, arbeitet er sich doch auch zwischen den internationalen Meisterschaften durch die Tiefen und Wirren der Trainerentlassungen, Spielertransfers und Englischen Wochen.

Mein Fußball-Trauma führt aber, wie die meisten Traumata, in meine Kindheit. Mein Vater war früher selbst aktiver Fußballer, und weiterer Erklärungen bedarf es eigentlich nicht. Das hieß: Sonntagnachmittage vor dem Fernseher und bei Kaffee und Gebäck Spiele wie Uerdingen gegen Wattenscheid oder den Knaller Meppen gegen Osnabrück gucken.

Live.

In voller Länge.

Leider noch ohne Werbeunterbrechungen.

Selbst heute verfalle ich bei Nennung dieser Ortsnamen ansatzlos in Sekundenschlaf, weswegen ich sie großräumig umfahren muss, wenn ich mit dem Auto unterwegs bin.

Diese lange Einführung ist notwendig, um meine Schockstarre zu verstehen, als wir, wegen eines anderen Interviews gerade beim Bayerischen Rundfunk weilend, von einem Sportreporter abgefangen wurden, auf dass wir den wöchentlichen Promi-Bundesligatipp abgeben sollten. Ich sag's mal so: Wir haben vor allem das Wort Promi gehört.

Aber der Reiz dieses Wortes verflog in dem Augenblick, in dem die Fragen gestellt wurden: Bremen gegen Bochum? Herta gegen Schalke? Sind das überhaupt Städte? Und mit welchem Ergebnis blamiert man sich am wenigsten? Immer unentschieden tippen fällt irgendwann auf. Und für den klassischen Doofen-Tipp 2:1 (weil beide ja irgendwie gut sind und ein Tor schießen werden, einer aber halt wohl auch besser sein wird und deswegen eins mehr schießt) bin selbst ich mir zu schade.

Man sagt, dass Frauen, die von Aktien keine Ahnung haben, beim Anlegen meist besser abschneiden als börseninteressierte

Männer (nicht, dass Frauen prinzipiell keine Ahnung von Börse hätten, Gott, nein, Frauenbeauftragte dieser Republik: Waffen wieder einstecken). Vielleicht lagen wir mit unseren Tipps also gar nicht so falsch (einmal haben wir allerdings 5:1 getippt, dieser Prognose scheint mir doch böses Enthüllungspotenzial unserer Ahnungslosigkeit innezuwohnen). Was mich allerdings stutzig macht: Da ich selbst nicht mehr weiß, welche Ergebnisse wir vorhergesagt haben (spricht auch für meine »Expertise«), habe ich versucht, sie im Internet wiederzufinden.

Nix!

Gar nix!

Ich meine: im Internet! Da finden Sie selbst noch das Bild der Betriebsfeier '92, als wir mit Kondommützchen über dem Kopf Polonaise getanzt haben. Aber unser Toto-Tipp? Ausradiert. Selbst das Internet, diese gigantische Erinnerungsmaschine, die noch in 100 Jahren diesen Text ausspucken wird, wenn jemand in das Suchmaschinenfeld die Wörter Depp und Bundesliga eingibt, selbst die wollte diesem beschämenden Offenbarungseid ein gnädiges und schnelles Ende bereiten.

Ich könnte jetzt sagen: Wir wussten ja nicht genau, für welches Jahr wir die Ergebnisse tippen sollten. Aber das wäre ein leicht durchschaubarer Rechtfertigungsversuch. Vielleicht sollte ich in Zukunft einfach ein bisschen öfter Nein sagen.

Aber jetzt muss ich aufhören, es ruft gerade jemand an, der mich als Jurymitglied einladen will. Für einen Gebetswettbewerb. Wirklich wahr, ich schwöre. So wahr mir Gott helfe.

Dieses Diptychon trägt den Titel: »Geile Luxusgarderoben von berühmten Bestsellerautoren«.

Suchbild: Welche Namen fehlen auf diesem Poster? Kleiner Hinweis: Sie waren zur Zeit der darauf beworbenen Buchmesse Nummer 1 der Bestsellerliste.

Fix und Foxi süßsauer oder: Außer Sie sind Frank Schätzing

Von Volker Klüpfel

Buchmesse.

…

…

Das Wort muss man erst einmal so stehen, nachklingen lassen in die Stille bzw. das Grundrauschen unseres Alltags hinein. Denn nur so kann man ermessen, was der Begriff für einen Autor bedeutet. Buchmesse – das ist das Fegefeuer der Eitelkeiten für Schreiber und Verlage, der Kulminationspunkt des schriftstellerischen Schaffens – und hat doch gar nichts damit zu tun. Denn auf der Buchmesse ist eine entscheidende Gruppe im ganzen Literaturbetrieb nicht gegenwärtig, und wenn doch, dann nur geduldet: der Leser. Alle Fachbesucher wollen zur Messe an den publikumsfreien Tagen, denn, so raunt man sich auf den Gängen zu, bald kommen die Leser und dann, oh Gott, dann wird's voll und eng und stickig, und wehe dem, der dann noch da ist. Ganz fürchterlich soll das werden, hat uns ein Autor mit rollenden Augen verraten, der sich mit seinem ziemlich erfolgreichen Debüt zum ersten Mal hier aufhielt. Ob er wohl auch so mit den Augen gerollt hat, wenn diese Leser sein Buch gekauft haben?

An den publikumsfreien Tagen findet man deswegen auf der Buchmesse auch wesentlich mehr Promis. Da kann es schon mal vorkommen, dass man plötzlich gemeinsam mit einem der größten Modeschöpfer der Welt auf der Toilette ist und feststellt

(Entschuldigung für die Deutlichkeit, aber so war's nun mal), dass Blähungen auch vor den oberen Zehntausend nicht haltmachen. Ich will natürlich keine Namen nennen, also nix für ungut, Herr Joop.

Oder man gerät aus Versehen in den Strudel, der verursacht wird, wenn Tokio Hotel oder Til Schweiger irgendwo auftauchen. Überhaupt: Was haben die eigentlich auf der Buchmesse zu suchen? Da feiert man doch das Erscheinen von Büchern, nicht die Tatsache, dass man endlich mal eins ohne Bilder gelesen hat …

Egal, weiter also zum berühmtesten Maschkerle (Begriffserklärung am Ende) der Republik, Günter Wallraff, der erstaunlicherweise ausgerechnet auf der Buchmesse in Zivil erschien, obwohl er da doch Gelegenheit gehabt hätte, als Manga komplett unterzutauchen und quasi von innen heraus die ganze Chose zu demaskieren. Jetzt bleibt der Job wieder an uns hängen.

Ich muss das mit den Mangas vielleicht in einem kleinen Exkurs erklären. Mangas sind, vereinfacht gesagt, japanische Comics, also *Fix und Foxi süßsauer* sozusagen. Sie kennen bestimmt welche, das sind die mit den riesigen Insektenaugen und den gewaltigen, immer weit aufgerissenen Mündern mit der einen durchgehenden Zahnreihe, die alle so aussehen, als seien sie aus derselben Zelle geklont. (Bestimmt haben Sie sich auch schon mal gefragt, warum Heidi aus der Schweiz in der Zeichentrickserie genauso aussah wie Marco, der seine Mutter in Italien suchte, obwohl doch schon aus Entfernungsgründen keinerlei verwandtschaftliche Beziehung zwischen den beiden bestand. Oder hat Marco seine Mutter nur deswegen gesucht, weil die was mit dem Alm-Öhi hatte und beim Abstieg vom Berg in einer Felsspalte stecken blieb?) Die Fans dieser Japan-Comics, also vermutlich die Mangalen, kommen in Scharen auf die Buchmesse, genauso angezogen wie die Figuren in den Comics auch – nur in dick. Vielleicht wirkt sich der Konsum dieser zuckrig süßen rosaroten Bildwelten nachhaltig schlecht auf die Figur aus, jedenfalls zwängen sich die Fans (fast immer Mädchen) in viel zu enge Glitzerleggins, kleben sich Flügel an den Rücken und Fühler ans Hirn, um anschließend auszusehen wie einem 80er-Jahre-Benetton-Katalog entsprungene, abgestürzte Weltraum-Hummeln (das wär überhaupt mal ein toller Titel für diese japanischen Monsterfilme: Weltraum-Hummel gegen Space-Laus). Warum die sich so anziehen, ist übrigens völlig ungeklärt. Die anderen Besucher tun das ja auch nicht. Die Schätzing-Fans wandeln nicht als Riesenauge oder Minimond durch die Hallen, Helmut-Schmidt-Begeisterte nicht mit Zigarette, Maffay-Leser (ja, auch der hat ein Buch gelesen … äh: geschrieben) nicht mit angeklebter Riesenwarze und Charlotte-Roche-Leser … nun ja.

Wie bin ich da jetzt draufgekommen? Ach ja, Wallraff. Promis. Wen gab's noch zu sehen? Reinhold Messner beim Frühstück zum Beispiel, der sich offenbar auch im flachen Frankfurt gerne eine Scheibe Tiroler Speck auftischt, Ruth Westheimer (Sie wissen schon, die den Sex erfunden hat) und Jack White, der sich wahrscheinlich als Strafe, dass er die 80er-Jahre mit Hasselhoffs »Looking for Freedom« akustisch verseucht hat, nun durch alle Lyrik-Neuerscheinungen der Messe lesen muss.

Soll heißen: die Buchmesse ist in jedem Fall ein Erlebnis, auch wenn man nicht Frank Schätzing ist. An dem kam man dieses Mal in Frankfurt ja nicht vorbei. Also: Im Wortsinne, denn wo auch immer er sich aufhielt, war eine derartige Traube aus Journalisten um ihn, dass man besser einen Umweg nahm, wollte man nicht irgendwo zwischen zwei Verlagsständen aufgerieben werden.

Man sollte als Autor also tunlichst vermeiden, die Buchmesse zu einem Gradmesser der Selbstrelevanz zu machen – außer man ist Frank Schätzing. Denn egal, wie erfolgreich man ist, man findet immer ein Poster, das größer ist als das von einem selbst, ein

Wie Biene Majas Willi auf Drogen: die Manga-Schneckerln auf der Buchmesse.

Buch, das prominenter platziert ist, eine Autogrammschlange, die länger ist – wie gesagt, außer man ist Frank Schätzing.

Warum also zur Buchmesse gehen, wenn einem da doch nur der Kopf gewaschen wird (das lässt sich Frank Schätzing übrigens bestimmt von einem professionellen Stylisten erledigen, so perfekt wie diese einzelne graue Strähne ihm immer in die Stirn wippt)? Eben deswegen! Wir waren als Nummer eins der Bestsellerliste dort, aber glauben Sie, das hätte jemanden interessiert? Nicht mal Frank Schätzing. Und schon gar nicht Herta Müller, Sie wissen schon, die mit'm Nobelpreis. Mit der wir eine Lesung hatten. Ja, ja, Sie haben schon richtig gelesen: WIR hatten eine Lesung mit Herta Müller. Milchgeld und Herztier, Kässpatzen und Atemschaukel – endlich wuchs zusammen, was zusammengehört.

Und wissen Sie, wer keine Lesung mit Herta Müller hatte? Frank Schätzing!

Begriffserklärung: Maschkerle, das: Mal mehr, mal weniger glücklich verkleideter Mensch, vornehmlich zur Faschingszeit anzutreffen.

So endet jeder anständige Buchmessentag – spart man sich schon das Hotel für die Autoren …

Autoren-Allüren

Von Volker Klüpfel

Es gibt zwischen Michael Kobr und mir ein geflügeltes Wort, und das geht so: Wir müssen uns endlich ein paar Allüren zulegen!

Jetzt werden die, die uns kennen, vielleicht aufjaulen und sagen: »Noch mehr?« Aber aus unserer Sicht haben wir zu wenig. Gar keine, genau genommen, wenn man davon absieht, dass wir uns schon darüber freuen, wenn wir bei Veranstaltungen das Wasser nicht aus dem Hahn trinken müssen und man uns nicht mit den Worten vorstellt: »Die Autoren von ›Milchgrund‹ und ›Seespiel‹!« Wir fordern keine weißen Blumen in unserer Garderobe, keine Tänzerinnen, die mit weißen Kleidern, auf denen weiße Blumen aufgestickt sind, auf unseren weißen Garderobentischen tanzen. Ja, manchmal beschränkt sich unsere Garderobe sogar auf einen Haken an der Wand – immerhin ist die meistens weiß.

Auch Interviews geben wir, trotz der damit verbundenen Fragerei, mit großer Geduld – bis auf dieses eine Mal, als ein Münchner Privatradio anrief, Radio Schubidu oder Ballaballa oder so, nein, jetzt weiß ich's: Charivari (was übrigens laut Wikipedia so viel heißt wie Katzenmusik), und uns fragte: »Wie heißen Sie eigentlich? Was schreiben Sie denn für Bücher? Und worum geht's da überhaupt, können Sie das mal in zwei Sätzen erklären?« Also, da fühlte ich mich in meinem journalistischen Berufsethos gekränkt, denn wenigstens die Namen kann man ja

Die Autoren im Gespräch mit Saddam Hussein … nein, stopp, richtig muss es heißen: Die Autoren im Gespräch mit Ulrich Kienzle, der wo Saddam Hussein mal interviewt gehaben tut und sich dabei gleich Tipps für die richtige Bartpflege geholt hat.

Hingebungsvoll beim Signieren im Rahmen der allerersten Premierendebütlesung des Erstlingsmachwerkes *Milchgeld* vor geschätzten dreihundert und gezählten dreizehn Zuhörern (Szene wegen des geringen Andrangs beim Signieren nachgestellt).

Der Gesundheitsminister warnt: Kässpatzen machen nicht nur satt, sondern auch dick, und man fühlt sich gern einmal etwas überfressen.

vorher im Internet googeln, selbst als hauptberufliche Radiopraktikantin.

Aus unserer Sicht haben wir also viel zu wenig von dem, worüber Boulevardmedien so gerne berichten, was uns in eine gewisse Bredouille bringt, weil unsere Texte wiederum zu wenig von dem haben, wovon die seriösen Medien so gerne berichten.

Ausweg also: Allüren!

Damit befänden wir uns in bester Gesellschaft. Zwei Fälle sind mir jüngst begegnet. Der erste ist, ungewöhnlich genug für einen Prominenten, Kriminalbiologe, also Leichen-auf-Spuren-Untersucher, heißt Mark Benecke, hat, ungewöhnlich genug für einen Kriminalbiologen, Fans, die ihn Dr. Made nennen – und benimmt sich auch so. Wie jemand mit Fans, meine ich. Bevor man ihn interviewen darf, was ich vorhatte, muss man sich einen vier Seiten langen Vertrag von seiner Homepage downloaden, den man »in großen schwarzen Druckbuchstaben« auszufüllen hat, sonst – so droht es in jedem zweiten Satz – werde sich der Herr der Fliegen nicht einmal die Mühe machen, das Gespräch abzusagen. Der Vertrag enthält dann so hilfreiche Punkte wie Ziffer 14 (!), in der in großen schwarzen Druckbuchstaben steht:

»ACHTUNG, DAS HANDY MUSS AM TAG DER VERANSTALTUNG EINGESCHALTET SEIN, SONST IST DIE NUMMER NICHT ERREICHBAR.« Gut, dass das auch endlich mal jemand klarstellt.

Okay, der Mann hat viel mit Leichen zu tun, das darf man nicht vergessen, ehe man vorschnell urteilt. Immerhin: Nach Ziffer 21 und der Schlusserklärung des Vertrages bekennt Herr Benecke »Ich freue mich sehr auf unseren Termin«. Die meisten dürften da schon aufgegeben haben.

Weniger mit Leichen, aber doch mit Dahinsiechenden hatte das zweite Prominenten-Beispiel zu tun, immerhin war das ein Arzt und hat ein Buch über sein Organ geschrieben, ich meine die Leber: Dr. Eckart von Hirschhausen. Ernsthaft: Adels- und Doktortitel, das wäre auch für jeden normalen Menschen schwer zu verarbeiten, das ist sozusagen Langhammer hoch zwei. Hirschhausen hält interviewwillige Journalisten wenigstens nicht für blöd, dafür aber für grundsätzlich böse und verschlagen, will er doch den ganzen Artikel noch mal gegenlesen und eventuell sprachlich veredeln (wofür ihm manche Kollegen tatsächlich dankbar sein sollten). Sind sie aber nicht, was möglicherweise auch daran liegt, dass sie, sollten sie vorhaben, ein Foto von Herrn Hirschhausen zu machen, einen Maskenbildner mitbringen müssen.

Da hat der lustige Herr Doktor wohl ein bisschen zu viel am Lachgas geschnüffelt.

Oder aber, und damit greife ich jetzt den Gedanken vom Anfang wieder auf, er macht etwas grundsätzlich richtig, was wir bisher grundsätzlich versäumt haben. Hinweis auf die Korrektheit dieser Vermutung: Er hat ein Einstecktuch und eine Samstagabendshow, wir weder das eine noch das andere. Doch damit ist jetzt Schluss. Wir veröffentlichen hier nun erstmals unsere allürale »Liste der Forderungen, die erfüllt sein müssen, wenn man mit uns reden oder uns sonst wie nahe kommen will«:

1. Freiwillige, für das Zustandekommen des Gesprächs aber bitte nicht zu knapp bemessene finanzielle Zuwendungen bitte vor Drucklegung auf ein Schweizer Nummernkonto überweisen, und zwar bei einer Bank, die über keinerlei Computer mit CD-Rom-Laufwerk verfügt.
2. Sollten Sie die Absicht haben, ein Foto von Volker Klüpfel zu machen, brauchen Sie keinen Maskenbildner mitzubringen.
3. Sollten Sie die Absicht haben, ein Foto von Volker Klüpfel zu machen, bringen Sie stattdessen eine Masseuse mit.
4. Sollten Sie von einem Radiosender sein, dessen Name sich

auf Schlagertitel reimt, rufen Sie fürs Interview folgende Telefonnummer an: 00000/0000000000000000 (Durchwahl: -2).

5. Sollten Sie die Absicht haben, ein Foto von Michael Kobr zu machen, bringen Sie bitte einen Schönheitschirurgen mit.
6. Sollten Sie von einem ernst zu nehmenden Feuilletonteil einer ernst zu nehmenden Zeitung sein, versichern Sie sich noch einmal genau, ob Ihr Chefredakteur nicht doch ein Interview mit Herrn Knopp statt Herrn Kobr und nicht vielleicht doch einen Artikel mit Grass statt einen Artikel mit Spaß bestellt hat. Falls Sie tatsächlich mit uns sprechen wollen, stellen Sie die Fragen langsam und befreien Sie sie mit Rücksicht auf unsere Allgäuer Herkunft möglichst von Fremdwörtern.
7. Wir fordern für unser Gespräch eine Garderobe mit weißen Blumen und Tänzerinnen, die mit weißen Kleidern, auf denen weiße Blumen aufgestickt sind, auf unseren weißen Garderobentischen tanzen.
8. Bringen Sie bitte mindestens zwei Garderobenhaken zum Interview mit.
9. Es ist kein Ausschlusskriterium, würde die Autoren aber sehr freuen, wenn Sie Michael Kobr nicht Michael Korb, Kober, Kohbr oder Koppr, seinen Co-Autor nicht Volker Klüpfl, Klüpsel, Klipfl oder Michael nennen.
10. Schlussbestimmung: Stecken Sie diese Liste in einen ausreichend frankierten und mit großen schwarzen Druckbuchstaben beschrifteten Briefumschlag und schicken Sie sie an Dr. Benecke oder Dr. Hirschhausen.

Ich freue mich sehr auf unseren Termin.

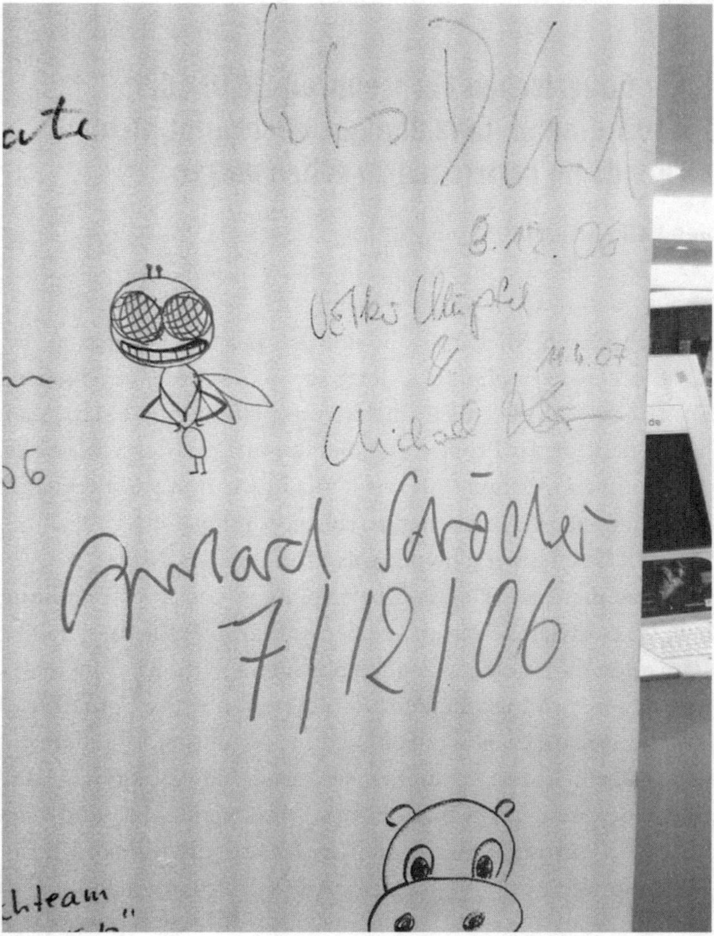

Wir wissen nicht mehr genau, wie ’rum das war:
Hat sich Gerhard Schröder unter unsere Unterschrift gedrängt
oder wir uns über seine?

Beim Bayerischen Fernsehpreis 2010 oder: Als wir einmal ganz und gar überhaupt nicht nirgends im Fernsehen zu sehen waren

Von Volker Klüpfel

Neulich waren Michael Kobr und ich bei der Verleihung des Bayerischen Fernsehpreises. Jetzt werden Sie vielleicht sagen: Dann hätte ich die doch in der Aufzeichnung gesehen. Aber genau da liegt das Problem, das ich einmal mit der Schlagzeile umschreiben möchte: »Als wir einmal ganz und gar überhaupt nicht nirgends im Fernsehen zu sehen waren.«

Doch lassen Sie mich von Anfang an erzählen:

Sie kennen sicher diese Übertragungen von Preisverleihungen, sei es Oscar, Emmy, Lola oder was für hübsche ostdeutsche Vornamen diese goldglänzenden phallischen Trophäen auch immer tragen, wo manche der Nominierten nur per Foto eingeblendet werden, weil sie eben nicht in der illustren Publikumsschar sitzen. Entweder drehen sie gerade einen anderen Film oder sie waren schon mal bei einer Preisverleihung und sind bedient. Genauso erging es Herbert Knaup, der für den Klufti-Film nominiert war, weswegen wir an seiner statt gingen.

Philip Roth hat in *Jedermann* mal einen Satz geschrieben, der auf diese Galas übertragen lautet: »Preisverleihungen sind kein Kampf, Preisverleihungen sind ein Massaker.«

Das Gemetzel beginnt bereits auf dem roten Teppich. Ein befreundeter Schauspieler hat mir kürzlich gesagt, dass er immer den Hintereingang nimmt, worauf ich dachte: wie bescheiden! Ich hingegen verfüge nicht über diese rare Gabe der Selbstgenügsamkeit und sagte in meinem naiven Leichtsinn zu Michael

»Los, wir gehen auch über den Teppich rein, wenn wir schon mal da sind ...« Lassen Sie es mich so sagen: Wir haben dort mehr Bilder von den etwa 8000 Fotografen gemacht als die von uns.

Der Vollständigkeit halber: Wir haben zweimal geknipst.

Dennoch möchte ich die Hoffnung nicht völlig aufgeben, dass wir am Rand eines Bildes, vielleicht von einer Kamera, die gerade runterfiel, gegen die Absperrung knallte, vom Knie eines Fotografen abgefälscht wurde, dabei auslöste und ein verwackeltes Bild von zwei Krimiautoren schoss, doch noch zu sehen sind.

Plötzlich verstand ich, warum der befreundete Schauspieler immer den Hintereingang nimmt, eine Möglichkeit, die uns ein Security-Muskelpaket im schwarzen Anzug auch offerierte. Ich dachte, aus naiver Unwissenheit über unsere wahre Bedeutung. Er dachte wohl, um das sich anbahnende Unglück zu verhindern, die Stille bereits hörend, die sich einstellen würde, wenn wir an der Fotografenmeute vorbeilaufen würden, und die der Stille eines Allgäuer Provinzgasthofs gleicht, in den zur besten Stammtischzeit eine Reisegruppe aus Wanne-Eickel stürmt. Schlagartig wurde mir also klar, dass den Hintereingang nicht wählt, wer fürchtet, die Fotografen würden zu viel knipsen. Ich kann Ihnen sagen: Der rote Teppich ist lang, seeeehr lang, etwa so lang wie das, was *zwischen* den Werbepausen von »Nur die Liebe zählt« gesendet wird (dazu später mehr). Es bedarf etwas mehr als unserer bescheidenen *Autoren-lesen-mit-verstellten-Stimmen*-Schauspielkünste, um diesen kilometerlangen Teppich entlangzugehen, dessen Rot wirkt, als wäre es mit dem Blut des gemeuchelten Selbstwertgefühls unzähliger B-Promis getränkt, und dabei mit geblähten Backen und rollenden Augen immer so auszusehen, als habe man nun wirklich keine Zeit für diese albernen Fotospielchen, echt, drinnen warten bestimmt wichtige Fernsehkameras (das stimmt sogar, aber natürlich nicht auf uns), und da muss man doch kapieren, dass man nicht überall stehen bleiben kann, und, Entschuldigung, Frau Berben, dürften wir uns mal hinter Ihnen durchdrängeln, nein, keine Angst, wir ducken uns, damit das Bild nicht entstellt wird …

Es ist ja nicht so, als hätten wir darin keine Übung.

Aber, liebe Fotografen, mal ein Wort unter uns: Ein Digitalbild kostet nix, belegt keinen nennenswerten Speicherplatz auf dem Kamerachip, nutzt selbige nicht messbar ab – was spricht dagegen, wenigstens aus Höflichkeit, ach was, reiner Nächstenliebe einfach einmal draufzudrücken?

Stattdessen: sich gegenseitiges Überbieten im Promi-Vornamen rufen: »Senta, zu mir bitte!« »Veronika, noch mal nach rechts drehen!« »Iris, ein Lächeln!« Was hätten sie wohl bei uns gerufen? »Du da, geh mal aus dem Bild.« »Namenlose, ihr werft unschöne Schatten auf die Promis!« oder gar: »Für mich bitte eine Cola light.«

Ist man dann erst mal drin, scheint nur vermeintlich alles besser. Denn man hat zwar eine Eintrittskarte in der Hand für die dritte (!!!) Reihe, aber, mal ehrlich, eigentlich ist das die Karte von Herbert Knaup und wir hätten, hätte er nicht drehen müssen, wahrscheinlich in der ersten Reihe gesessen – wie alle Zuschauer bei ARD und ZDF. Das heißt, Moment, übertragen hat ja SAT.1, doch dazu wie gesagt später.

Drinnen ist man als Buchautor sofort geblendet, schließlich treiben wir uns sonst auf literarischen Veranstaltungen rum, wo sich die Promisichtungen auf dem Niveau von »Guck mal, da drüben ist doch die Lektorin von dem Esoterik-Verlag« bewegen. Irgendwann haben wir uns darauf verständigt, nur noch dann auf andere Gäste zu zeigen, wenn diese nicht berühmt sind – uns selber verständlicherweise ausgenommen. Außerdem gilt auch hier: den gelangweilten *Ach-sind-ja-noch-gar-keine-Promis-da*-Blick aufsetzen und laut sagen: »Wo ist eigentlich der Götz?« Übrigens: Der Götz kam gar nicht, was schade war, denn wir haben intern 50 Euro ausgelobt für denjenigen, der ihn mit den Worten begrüßt »Servus, Schimanski!«.

Schließlich saßen wir neben Anette Frier, die sicher dachte, wir seien zwei von diesen Menschen, die, immer wenn die Promis aufs Klo müssen, deren Platz einnehmen, damit es im Fernsehen nicht so aussieht, als hätten sie keine Lust, die ganze laaaange Gala anzuschauen, oder als müssten Promis überhaupt aufs Klo.

In diesem wohligen Gefühl der gemeinschaftlichen Zuneigung und Wärme schauten wir also dem munteren Treiben auf der Bühne zu. Wobei: munter. Das ist jetzt vielleicht nicht das richtige Wort. Denn moderiert wurde die Verleihung von Kai Pflaume. Das ist ungefähr so, als wäre Peter Zwegat Gastgeber der Witzeolympiade.

So verging Stunde um Stunde, es war heiß, und angespannt waren wir natürlich auch, denn mit einer Hand drückten wir immer Herbert Knaup den Daumen, dass er den Preis bekommt, mit der anderen drückten wir dagegen, damit wir nicht auf die Bühne müssen. Vom vielen Drücken einigermaßen ermattet, kam es gefühlte viereinhalb Stunden später dann aber doch zum Äußersten:

Senta Berger öffnete den Umschlag, der Name Knaup fiel, und wir mussten … durften nach vorn. Von den freundlichen Worten Kai Pflaumes begleitet, der verkündete: »Herbert Knaup kann leider nicht da sein, deswegen nehmen den Preis … (er holte einen Zettel hervor und versuchte stockend, die seltsamen Namen, die dort aufgedruckt waren, auszusprechen) … Volker Kl…ipfel und Michael … Kopr entgegen.«

Nun schlug unsere Stunde, die Bühne gehörte uns, die ganze Welt sah uns zu (jedenfalls die, die nachts um drei viertel eins noch SAT.1 guckt), das war unser Moment, denn was sollte der Sender schon machen – uns rausschneiden vielleicht …?

Sie ahnen es, diese Idee hatten nicht nur wir.

Vielleicht besser so, denn so blieb uns die Schmach erspart, dass alle SAT.1-schauende Welt sah, wie Kai Pflaume unsere Dankesrede mit den Worten abwürgte: »Wer mehr von den beiden sehen will: Sie gehen auf Tour, Termine gibt's unter ernte-dank.de.« Ich hab nachgesehen: Auf ernte-dank.de steht nichts über uns, dafür viel über kleine Geschenke in erdigem Textildesign von einem gewissen Landträumer, etwa ein Kuschelkissen mit Wollfilzbommel. Da hat Kai Pflaume wohl angenommen, das sei von uns. Egal, ich trage ihm das wirklich nicht nach. Er muss einmal pro Woche »Nur die Liebe zählt« moderieren, er verdient unser aller Mitgefühl.

Als wir dann zur letzten »Wir-zeigen-den-Landträumern-mal-wo-der-Kai-den-Pflaumenmost-holt«-Aktion aus dem Saal gelotst wurden, worauf sich endlich echte Sit-ins auf unseren Plätzen niederließen, haben wir auch noch Senta Berger mit ins Verderben gerissen. Als wir nämlich zur Fotowand schritten, vor der alle Gewinner mit dem Preis fotografiert wurden, da hat man diese Fotowand weggetragen. Ob sie Feierabend hatte oder man sie vor uns in Sicherheit bringen wollte, weiß ich nicht. Aber auch Frau Berger hat ein bisschen komisch geguckt, sich dann zu uns umgedreht und ehrlich mitfühlend gesagt: »Jetzt wird es doch nichts mehr mit eurem Foto.«

Dafür gab es nachher Essen und trinken und trinken und trinken umsonst, und es ist doch noch ein recht lustiger Abend geworden, auf dem wir noch viele Promis getroffen haben. Wir hätten das gerne für Sie fotografiert, aber, mal ehrlich: mit einem Fotoapparat in der Hand hätten wir auch nicht berühmter gewirkt.

Immerhin habe ich inzwischen bei Durchsicht sämtlicher audiovisueller Dokumente des Abends festgestellt, dass wir doch ziemlich oft im Fernsehen waren. Den 28 Sekunden langen Zusammenschnitt dieser denkwürdigen Auftritte können Sie übrigens auf unserer Homepage sehen. Ich habe uns mit Pfeilen gekennzeichnet, falls Sie uns nicht erkennen sollten.

In diesem Sinne: Wir sehen uns.
Bei irgendeiner Preisverleihung.
Na ja, Sie uns vielleicht nicht.

Zu viel Medienpräsenz kann zu Identitätsverlust führen.

Urlaubsreif:
Woanders ist’s auch nicht besser

Wie groß ist jedes Jahr wieder die Vorfreude auf den Sommerurlaub – selbst die Kluftingers zieht es ja hin und wieder nach Südtirol. Na ja, Erika zieht und Klufti wird gezogen – mit sanften, subtilen Mitteln aus dem Repertoire der psychologischen Kriegsführung.

Zwei Wochen lang nichts tun, wenn's ganz gut läuft, sogar drei, fremde Länder sehen, Abenteuer erleben, an tollen Stränden und Pools faulenzen und das Leben genießen.

Ja, von wegen! Allein das Packen, schönen Dank! Und dann auch noch die Fahrt! Oder am Ende ein Flug! Und dann?

Was ist der Vorteil, mit einer sechsköpfigen Familie in einem zehn Quadratmeter großen Zimmer zu wohnen, mit einem strandtuchgroßen Balkon, der mit Schwimmtieren und Luftmatratzen vollgestopft ist?

Hat man zu Hause nicht einen viel größeren Fernseher und doppelt so viele Programme? Und kann selbst entscheiden, was man abends essen will?

Wenn Ihr Cholesterindepot durch den allmorgendlichen Speck und die gekochten Eier auf Jahre hin aufgefüllt ist und Sie merken, dass Sie gar keine sieben Sorten Müsli brauchen, werden Sie feststellen, dass der Urlaub nur im Kopf stattfindet.

Wir waren jung und brauchten das Geld.

Siegfrido

Von Michael Kobr

Wir sind ja nicht bloß in Deutschland unterwegs mit Klufti. Nein, ab und zu packen wir ihn ein, nicht den Klufti selber, der will ja nicht weg, aber unsere Reiseschreibmaschine, und begeben uns auf große Fahrt.

Wir müssen den Kommissar ja vielleicht Erika zuliebe doch mal in Urlaub schicken. Und das will sauber recherchiert sein. Wenn, dann das volle Programm, dachte ich mir. Mallorca! Die Perle der Balearen. Hotel direkt am Strand, alles um ein großes Kinderbadebecken herumgebaut. Nachmittags singen als Animateure verkleidete Kellner das Iberoclub-Lied in Hasen- und Clownskostümen. Meine Kinder finden das toll.

Nix Hinterland. Nix einsame Buchten. Nix Finca!

Ich will jetzt gar nicht mit einem ausführlichen Reisebericht nerven. Ich will Ihnen nur kurz einen Mann vorstellen. Siegfrido. Kennen Sie nicht?

Ich sitze gerade direkt unter Siegfridos Supermarktreklame an der Ecke vor unserem Hotel. »Superspar. Deutsches Essen, deutsches Bier, Bild«. Meine Frau ist da gerade reingegangen. Wir brauchen Feuchttücher. Jetzt sitz ich da, mit meiner Reiseschreibmaschine, und warte auf sie.

Siegfrido hat bestimmt schon eine Villa in Anxxxxdraxxxtxxxxxxttxxxttt. Nebenher führt er noch eine Tabledance-Bar im Dachboden der Kathedrale von Palma, vermietet koreanische Kleinwagen unter dem Label »Malle-Cars« und pierct und tätowiert in siebzehn Einkaufszentren im Osten der Insel. Zusätzlich macht er deutsche Blutwurst und saure Kutteln für deutsche Auswanderer in Valdemossa, dieser Perle des Hinterlands, die jedes Jahr von höchstens 10 Millionen Leuten besucht wird, und betreibt das Café »Goldene Schwalbe« in Pranotxa. Kaffee und Kuchen, all you can eat. Alles original Filterkaffee wie zu Hause.

Sein Sohn ist Geschäftsführer der drei rein deutschsprachigen Filialen vom Hämischen Matratzenlager. Die sind jetzt nämlich auch auf der Insel. Zielgruppe: deutsche Inhaber von seit drei Wochen gemieteten Pensionen, die eigentlich einen ganz anderen Beruf gelernt haben, aber immerhin schon mehrere Urlaube in Hotels verbracht haben, was sie eindeutig zu Hotelfachkräften macht. Die Leute müssen doch irgendwo Bettzeug kaufen. Und das machen Sie mal, wenn Sie kein Spanisch sprechen!

Siegfridos geschiedene Frau können Sie auf dem Wochenmarkt in Dingens sehen. Janina Geercke-Schnaak. Die Schmuckdesignerin. Die, die aus vom Meer abgeschliffenen Glasscherben Colliers fädelt. Mit wollweißem Leinenkleid und Strohhut. Die ehemalige Kunsterziehern, die jetzt auf der Finca wohnt mit ihren zugelaufenen Hunden. Aber ich schweife ab. Es geht ja um Siegfrido.

Niemand weiß mehr so genau, weshalb er damals den Bahnhofskiosk in dieser kleinen westfälischen Stadt aufgegeben, seinem Vornamen ein O verpasst hat und auf diese Insel gezogen ist.

Wahrscheinlich wegen der tollen Buchten, leider kennen wir die nicht, da waren schon alle Liegen reserviert, als wir vom Frühstück kamen. Die abgelegenen Gebirgstäler? Ja, da waren wir gestern. Bis unsere Große sich das Buffetessen noch einmal … kein Wunder, bei den Kurven! Noch dazu in den geliehenen Familienvan! Ich sag nur: Feuchttücher! Was die von Malle-Cars wohl dazu sagen? Ach was, ich sag einfach einen schönen Gruß von Siegfrido! Den kenn ich jetzt ja!

Poolabend

Von Volker Klüpfel

Heute müssen wir über ein ernstes Thema reden. Weil immer irgendwo gerade Ferien sind, viele damit zu tun hatten, wir ja auch mal verreisen, um vom Reise-Alltag Abstand zu gewinnen, und überhaupt. Es geht um Urlaub.

Juhu!, werden Sie vielleicht sagen, was für ein schönes Thema. Werden schon den lauen Südwind durch die Palmen rauschen hören, die rote Sonne bei Capri im Meer versinken sehen, ihre Partnerin oder ihren Partner Liebesschwüre ins Ohr hauchen spüren …

Stopp!

Reißen Sie sich zusammen.

Seien Sie ehrlich zu uns und zu sich. Alles das hat ungefähr so viel mit Urlaub zu tun wie der lustlose Lappen auf dem Teller daheim mit der Steinofenpizza aus der Fernsehwerbung, für die auf einer Wiese der Koch Luigi angeblich aus einem geflochtenen Weidenkörbchen die Kräuter genommen und selbst gehackt hat.

Also: Urlaub.

Die Wahrheit.

Die Palmen dort (also: im Urlaub) sind verdorrte Topfpflanzen, die traurig den Schotterpfad zum Meer säumen, der im Katalog als rustikalromantischer Fußweg angepriesen wurde, die rote Sonne ist ein milchig weißes Wabergebilde, das nicht mehr durch den Smog am Stadthimmel dringt, und die Liebesschwüre werden in der Realität durch gegenseitiges Anschweigen beim Poolabend ersetzt.

Poolabend. Das ist überhaupt der Inbegriff des Urlaubs, weil er die Irrationalität der Situation verkörpert wie sonst vielleicht nur noch die Spontankäufe am Strand beim Vitamineproteinecocobello-Mann, der einem versichert, dass man mit dieser riesigen original Dolce&Gabbana-Brille gar nicht lächerlich, sondern im Gegenteil »wie grose Filmestar« aussieht. »Und heute sowieso viele billiger.«

Sie wissen schon, was ich mit Poolabend meine, oder? Nächte mit musikalischer Unterhaltung oder – noch schlimmer – Showprogramm am Hotelpool oder Pooldeck des Kreuzfahrtschiffes. Mal ehrlich: Wenn bei Ihnen zu Hause das örtliche Freibad einen Abend veranstalten würde, sagen wir mal mit der örtlichen Stubenmusik »Die Hausmüllers«, worauf die Jazzgymnastikgruppe »Tornado Girls« einen selbst choreografierten Rhythmustanz zeigt, und schließlich »Don Alfredo« auf der Heimorgel mit einem »Strauß bunter Melodien« aufwartet, und wenn für dieses Event das Plakat mit den Worten werben würde: »Fürs leibliche Wohl ist bestens gesorgt, für die Kinder gibt es eine Hüpfburg, Mitzubringen: nichts, außer guter Laune!!!«

Würden Sie hingehen?

Sehen Sie.

Aber im Urlaub, ja, im Urlaub kann man sich plötzlich nichts Schöneres vorstellen, als den Tornado Girls zuzuschauen, die im Ausland Animateure genannt werden, braun gebrannte Menschen, die später alle »irgendwas mit Medien« machen wollen, und die in ihren glitzernden Phantasiekostümen, die, »einen großen Applaus bitte, alle unsere Rosi genäht hat«, aussehen, als wären sie einer frühen Folge von »Raumpatrouille Orion« entsprungen. Ah: Haben Sie das auch immer geguckt? Mit Dietmar Schönherr als Commander McLane, der, wenn er wissen wollte, wo sich die bösen außerirdischen Frogs gerade befinden, immer erst mal das Bügeleisen auf dem Waschmaschinen-Touchscreen herumschieben musste, bevor er mit dem Stabmixer in die Schlacht zog? Aber ich will beim Thema bleiben, und deshalb: Urlaub hatte der nie.

Commander McLane hätte sich bei Poolabenden aber zu helfen gewusst. Hätte lieber den Salzstreuer auf Selbstzerstörung programmiert, als einer Abba-Coverband mit lustigen Perücken (»Danke, Rosi«) auf eine musikalische Reise rund um den Globus zu folgen.

Gut, wir sind alle keine McLanes, aber warum machen wir das? Warum wanken wir im Urlaub wie diese willenlosen Zombies in den Horrorfilmen, deren Gehirne durch irgendein Virus auf die Größe einer Walnuss geschmurgelt wurden, leeren Blickes an die Tische rund um den Pool, bestellen klebrig pappige Hüftgoldkreationen zu trinken wie »Pinja Colada« oder hihihi, hohoho »Sex on the Beach«, nur um dann zwei Stunden lang konzentriert an diesen zu nippen, damit es nicht so auffällt, dass wir in dieser Zeit kein Wort miteinander wechseln? Na gut, kein Wort ist vielleicht übertrieben, irgendwann halten die meisten dem Druck nicht mehr stand und beginnen doch ein Gespräch, das dann in etwa so verläuft:

Sie: Morgen könnten wir ja mal zu dem anderen Strand gehen.

Er: (*beugt sich nach vorn, weil er wegen der lauten Musik nichts versteht*) Was?

Sie: Morgen! Zu dem anderen Strand. Gehen. (*Sie macht mit den Fingern eine Geste wie ein wuselndes Strichmännchen.*)

Er: Wieso?

Sie: Nur so. Ist vielleicht auch schön.

Er: Ja, aber bei uns auch.

Sie: Schon. Aber vielleicht ist es da noch schöner.

Er: Und wenn nicht?

Sie: Dann wissen wir's wenigstens.

Er: Und die Liegestühle?
Sie: Welche Liegestühle?
Er: Unsere.
Sie: Die haben bestimmt auch welche.
Er: Ja, aber unsere sind für die ganze Woche bezahlt.
Sie: (*verdreht die Augen*) Wir sind in Urlaub.
Er: Eben.
Sie: Kellner? Noch mal so einen … Orgasmus bitte.
(*Schweigen*)

Ich habe lange über all die oben gestellten Fragen nachgedacht. Warum also gibt es Poolabende im Urlaub? Und jetzt weiß ich es: Weil die Menschen, die da in diesen fremden Ländern im Rippshirt durch die Heiligtümer bummeln, die aus der Buffetschlange mit den Worten »Isch muss mal die Liege für morgen besetzen« ausscheren, die »Würstel con Krauti« für die italienische Nationalspeise halten, weil alle diese Menschen eigentlich viel lieber daheimgeblieben wären. Aber jetzt sind sie da und suchen ihr Heil, ihre Erlösung in der Selbstbestrafung.

Willkommen beim Poolabend.

Unsere Rache: Klufti muss verreisen

Genug! Schluss! Es reicht!

Zu lange haben wir uns von Kommissar Kluftinger durch die Lande schicken lassen, während er gemütlich zu Hause in seinem Sessel fläzte, haben uns bei Promigalas demütigen lassen, uns mit ungebetenen Zugsitznachbarn arrangiert, haben die Ödnis grauer Novembertage in deutschen Vorstädten ertragen, sind mit kalten Duschen, durchgelegenen Matratzen und kopulierenden Hotelzimmernebenwohnern fertiggeworden, ja wir haben es sogar ausgehalten, dass man uns immer wieder zwei Einzelzimmer nebeneinander gegeben hat.

Nach dem Motto: Rache ist süß oder Blutwurst oder jedenfalls mein, also in dem Fall unser, schlagen wir nun erbarmungslos zurück. Es tut uns leid, lieber Herr Kluftinger, aber jetzt ist es zu spät. Jetzt lassen wir Sie verreisen. Das haben Sie nun davon.

Bon voyage!

Die logische Übersetzung von Kluftis Passat in ein Wohnmobil. Damit möchte man sofort Expeditionen in unbekannte Universen starten, oder? Südtirol, zum Beispiel.

Reisebüro

»Der Flug nach Malta zum Schiff und zurück nach München wäre im Preis aber enthalten.«

Kluftinger schluckte. Priml. Wohin hatte ihn das alles nur geführt! Hatte er sich nicht besser konzentrieren können? Seit über dreißig Jahren war er nun verheiratet! Wichtige Geburtstage, etwa die seiner Eltern und seines Sohnes, konnte er sich doch auch merken – wenn auch vor allem deshalb, weil Erika ihn immer frühzeitig daran erinnerte und obendrein gleich ein passendes Geschenk kaufte, wie er eingestehen musste. Warum also nicht diesen saudummen Hochzeitstag? Auf den Erika so großen Wert legte? Immer noch, wie er in Gedanken hinzufügte …

Wieder einmal hatte sie ihm mit Tränen in den Augen kurz vor dem Schlafengehen, als er im Fernsehsessel schon in einen sanften Dämmer hinüberglitt und damit klar war, dass von ihm keine Überraschung mehr zu erwarten war, das Päckchen mit den selbst gestrickten Wollsocken hingeworfen und die Schnapspralinen hinterher. Dabei hätte er eigentlich beim Abendessen noch draufkommen können, kommen müssen!, schließlich hatte es Kässpatzen gegeben, an einem stinknormalen Mittwoch – obendrein war sein edelster Steingutkrug auf dem Tisch gestanden und das Mahl von einem opulenten Schokoladenpudding gekrönt worden. Und er hatte sich in seiner Einfältigkeit auch noch eingebildet, dass das alles eine Reaktion auf den unwiderstehlichen Charme und die übergroße Liebenswürdigkeit der letzten Wochen gewesen sei, für die er sich selbst schon ein paar Mal gedanklich auf die Schulter geklopft hatte.

Dann aber war es zu spät gewesen. Und Erikas Auszug aus dem Ehebett hatte er nur mit der großspurigen Ankündigung eines gemeinsamen Urlaubs verhindern können – Erika dürfe Ziel und Art der Reise wählen, hatte er, nicht mehr Herr seiner Sinne, versprochen, in der Hoffnung, dass alles wie gewohnt im Sande verlaufen würde und sie schließlich kurzfristig in der Nachsaison mit dem Passat ein paar Tage nach Südtirol aufbrechen würden.

Und jetzt? Erika hatte ihn abgepasst, als er eigentlich mit den Kollegen zum Mittagessen gehen wollte, und ihn in den dritten Stock des Einkaufszentrums in dieses Reisebüro verschleppt, das ihr noch dazu Dr. Langhammer empfohlen hatte, der dort immer seine Reisen in exotische Länder zu buchen pflegte. »Nicht das Billigste, aber ein toller Service, vor allem, wenn es um schwierige Fälle und das nicht Alltägliche geht«, hatte Erika den Quacksalber zitiert!

»Jetzt sag, wollen wir östliches oder westliches Mittelmeer nehmen?«, riss sie ihn aus seinen Gedanken.

»Du, Erika, ich weiß halt wirklich nicht, ob so eine Kreuzfahrt was für mich ist«, log der Kommissar. Er wusste genau, dass es das Letzte war, was er machen wollte. Und das nicht nur wegen des sicherlich unverschämt hohen Preises: Schiffe konnten untergehen, er bekam schnell Platzangst und obendrein hatte er die Fahrt auf einem Ausflugsdampfer über den Ammersee beim letzten Ausflug der Musikkapelle nach Andechs über der Reling hängend verbracht. Noch dazu führten sämtliche Kreuzfahrtrouten an Orte, die er entweder schon aus Reportagen im Dritten kannte oder über die er solche Reportagen nicht einmal anschauen würde. Und dass man erst einmal ein Flugzeug besteigen musste, um an den Ausgangsort zu kommen, war sowieso indiskutabel, schließlich hatte er sich nach dem einzigen Flug, den er bisher absolviert hatte und der aus dienstlichen Gründen nötig geworden war, geschworen, nie wieder in eine solche Höllenmaschine zu klettern. Nein, er blieb schön auf dem Boden der Tatsachen.

Kluftinger atmete schwer. Welches der zahllosen Argumente sollte er anbringen, ohne als geizig, weltfremd oder überängstlich dazustehen?

»Also, wenn Sie Angst vor Seegang haben …«, warf ihm die junge Frau, die ihnen gegenübersaß, einen Rettungsreif, ach was, eine ganze Rettungsinsel zu, die er sofort ergriff.

»Seegang, das ist es, Sie sagen es!«, rief er erleichtert aus und war dabei lauter geworden, als er eigentlich wollte. »Damit kann ich halt gar nix anfangen. Vielleicht nehmen wir doch eine nette Pension, vielleicht am Garda…«

»… auf einem modernen Kreuzfahrtschiff ist Seegang dank der Stabilisatoren wirklich kaum mehr ein Problem. Und auf einer Mittelmeerroute merken Sie schon gar nichts. Ansonsten gibt es wirklich gute Medikamente. Sogar homöopathische. Das ist heutzutage kein Grund mehr, auf eine Seereise zu verzichten.« Die Frau, deren Namensschild sie als Alicia Farro-Reicheneder ausgab, blickte ihn strahlend an.

»Hm …«, setzte Kluftinger an, »man hört ja jetzt viel von diesen Piraten, gell?«

Alicia Farro-Reicheneder grinste ihn nur an, schien ihn gar nicht ernst zu nehmen.

»Nein, ehrlich jetzt. Das ist kein Spaß, die kapern da ganze Schiffe und dann …«

»Ich kann Ihnen versichern, die einzigen Piraten, die Sie auf Ihrer Reise sehen werden, sind in der ›Fluch-der-Karibik-Revue‹ im Theater des Schiffs unterwegs! Womit wir beim Schiff wären. Sehen Sie, hier ist ein Katalog.«

Die Frau hatte ihnen einen bunten Prospekt hingeschoben

und erläuterte in den nächsten Minuten sämtliche Annehmlichkeiten des »Wellnessschiffs«.

Kluftingers Stirn legte sich in immer tiefere Falten: Was brauchte er ein Schwimmbad samt Whirlpool und Sauna, wo er doch schon daheim nie ins Freibad ging? Ein Theater und Show- und Musicalrevues? Eine Cocktailbar und Candlelightdinner? Casino? Landausflüge mit Jeepsafaris und Weinverkostung? Sprachkurse, Kochkurse, Makramee-, Yoga-, Flecht- und Wasweißichfürkurse? Einen Golfsimulator? Der ganze Katalog schien immer nur ein Wort zu schreien: Langhammer!

Das Einzige, was Kluftinger gereizt hätte, wären die zahlreichen All-inclusive-Restaurants gewesen. Andererseits hatte er noch den Nachhall von Langhammers Lobeshymnen auf das Kreuzfahrtessen im Ohr – und nachdem der Geschmack des Doktors mit dem seinen etwa so vergleichbar war wie ein Illerfloß mit einem Ozeanriesen, ließ ihn das auch nur gelangweilt mit den Achseln zucken.

»Butzele?«, warf ihm Erika einen warnenden Blick zu, »du kennst meine Bedingungen: Schiffsreise, tolles internationales Ziel, Verwöhnprogramm, gutes Essen und ich will was von Land und Leuten sehen!«

Als Fräulein Farro-Reicheneder schließlich einer vor Aufregung und Vorfreude rotwangigen Erika die Kabinenkategorien samt Wellnesspackages und den dazugehörigen exorbitanten Preisen erklärte, hatte der Kommissar bereits aufgehört zuzuhören. Er musste unbedingt einen Notausgang aus dieser Sache finden – und dazu half ihm nur die innere Emigration. Er machte seinen Kopf frei von allen bewussten Gedanken und ging über zu einer Art »freien Assoziation«, wie es Maier in ihren Sitzungen manchmal praktizierte – er ließ alle Ideen zu, die gerade durch seinen Kopf schwirrten, als auf einmal ein rettender Strohhalm an ihm vorüberschwamm.

»Erika, lass dir Zeit!«, rief er seiner Frau noch zu, die sich nach der Kundentoilette erkundigt und erfahren hatte, dass diese sich im Erdgeschoss befinde. Drei Stockwerke, plus der übliche Andrang auf Damentoiletten, das müsste ausreichen, um das Schlimmste zu verhindern. Sofort war Kluftinger Herr der Lage.

Blitzschnell richtete er sich in seinem Stuhl auf und zischte: »So, Fräulein, jetzt können Sie zeigen, was Sie draufhaben! Wir haben drei, vielleicht vier Minuten. Sie haben die Bedingungen von meiner Frau gehört, hier sind meine: billig, also richtig billig, nicht länger als vier Tage, nicht weiter als zwanzig Meter vom nächsten Ufer entfernt, ohne Flug, deutschsprachiges Ausland oder lieber gleich Deutschland. Wenn das nicht geht, dann Frühstückspension in Südtirol! Finden Sie nichts in der Richtung, kommen wir nicht ins Geschäft!«

Erschrocken sah ihn die junge Frau an. Dann aber schien es in ihr zu arbeiten. Der Kommissar sah auf die Uhr. Die erste Minute war um. Fräulein Farro-Reicheneder begann, in ihre Tastatur zu hacken. Anderthalb Minuten. Zwei …

»Hier hab ich's!«, rief die Frau aus, als habe sie soeben eine kniffflige Aufgabe in einem Fernsehquiz gelöst. Sie drehte ihren Computerbildschirm in seine Richtung. »Schauen Sie!«

Mit jedem Wort, das er las, wurde Kluftingers Miene entspannter. Schließlich nickte er zufrieden grinsend und sagte: »Buchen. Sofort fest und unwiderruflich buchen.«

Gerade als ihm die Dame die ausgedruckten Reiseunterlagen über den Tisch schob, kam Erika zurück.

»Überraschung!«, tönte der Kommissar und fügte ein »Schon gebucht!« hinzu.

Erika wurde blass.

»Nein, echt, setz dich hin und schau's dir an!«, tönte Kluftinger stolz und legte seiner Erika die Hand auf den Arm.

»Eine dreitägige Kaffeefahrt von Passau nach Österreich mit dem Donaudampfer?«, entfuhr es ihr in einem Tonfall, den Kluftinger in grenzenlosem Zweckoptimismus als freudig erregt deutete.

»Ja, Wahnsinn, gell? Eine Schiffsreise in das tolle internationale Ziel Wien, mit Verwöhnprogramm, Riesenradfahren im Prater und danach einem Super-Blunzengröstl an einem echt einheimischen Imbiss! Und wir müssen in Wien nicht einmal ein Hotel buchen! Denn damit du Land und Leute kennenlernst, schlafen wir beim Valentin Bydlinski im Gemeindebau. Und zurück geht's mit der Bahn. Super-Spar-Ticket! Ein Traum, oder?«

»Ein Traum?«, erwiderte Erika leise. »Das hoffe ich. Das hoffe ich sehr.«

Moderne Werbetechnik, Marketingstrategie und knallharte PR: Schon früh hatten wir die Wichtigkeit dieser Bereiche erkannt. Unter »Milchgeld« steht übrigens der ursprünglich geplante Untertitel unseres Erstlings – leider fiel der aus Platz- und Kostengründen weg.

Das geheimnisvolle Zimmer

Kluftinger betrachtete aus rot geäderten Augen die Menschen. Einer von ihnen musste es sein. Nein, das war schon zu ungenau. Einer von ihnen war es.

Auch wenn sie jetzt, im Licht dieses sonnigen Morgens betrachtet, allesamt wirkten, als könnten sie kein Wässerchen trüben. Doch sein Beruf hatte ihn gelehrt, dass man den Menschen selten ansah, wozu sie fähig waren, welche Leichen sie im Keller hatten. Kluftinger seufzte angesichts dieser allzu häufig zutreffenden Metapher.

Der Kommissar biss missmutig in seine viel zu weiße, viel zu weiche Semmel und spülte sie mit dem »Kaffee« hinunter, einem braunen, lauwarmen Wässerchen, das freien Blick auf den Tassenboden gewährte. Dabei ließ er die anwesenden Männer nicht einen Moment aus den Augen. Nach einigen Augenblicken zog er irritiert die Brauen zusammen. Wieso eigentlich nur die Männer? Natürlich war es unwahrscheinlich, dass eine Frau zu solch grausamen … Er schüttelte den Kopf, um den Gedanken zu verdrängen. Er hatte ihn schon zu lange beschäftigt. Die Ringe unter seinen Augen zeugten von nunmehr acht schlaflosen Nächten, die ihm die Sache bereitet hatte.

Dann rief er sich innerlich zu genauerem Hinsehen auf. Auch wenn es wahrscheinlicher war, dass er einen Mann suchte, es könnte ebenso gut eine Frau sein. Auch das hatte ihn sein Beruf gelehrt.

»Die Marmelade kann nix dafür.«

Irritiert blickte Kluftinger auf. »Was?«

»Die Marmelade.« Seine Frau Erika deutete auf seinen Teller. Dort sah es tatsächlich so aus, als habe er einen tödlichen Kampf mit seinem Frühstück ausgefochten: Teile der Semmel lagen zerfetzt auf dem billigen Porzellan, dazwischen hatte die blutrote Marmelade unheilvolle Spuren hinterlassen. Er räusperte sich und schob sich unbehaglich auf seinen Stuhl hin und her. Wenn er sich so in einen Gedanken festfraß, verlor er manchmal die Kontrolle über seine Handlungen. Ein weiteres Zeichen dafür, wie wichtig ihm die Sache war.

»Schmeckt's dir denn nicht, Butzele?«

»Doch«, brummte er und schob sich wie zur Bestätigung einen großen Bissen in den Mund.

»Herrschaft, jetzt schling doch nicht immer so«, schimpfte Erika mit gedämpfter Stimme und ließ ihren Blick durch den Frühstücksraum wandern.

»Was jetzt«, presste er mampfend hervor, »soll ich essen oder nicht? Kannst du dich mal entscheiden?«

»Gut, dann iss, aber sprich nicht mit vollem Mund.«

Kluftinger seufzte. Er wollte seine schlechte Laune nicht an seiner Frau auslassen, doch die machte es ihm nicht gerade leicht. Allerdings musste seine momentane Gereiztheit für sie ziemlich unerklärlich sein, schließlich hatte er ihr noch nichts von den Sorgen, die ihn gerade umtrieben, mitgeteilt.

Weniger aus Rücksichtnahme, wie er selbst zugeben musste, als vielmehr, weil er nicht wollte, dass sie es nur mit einem »Was du dir immer einbildest« abtat. Denn so einfach war es nicht, er hatte sich nichts eingebildet. Er würde denjenigen finden, der für seinen Zustand verantwortlich war. Oder diejenige, rief er sich noch einmal zur Räson.

Mit zusammengezogenen Brauen hob er den Blick. Gerade betrat ein untersetzter Mann mit ziemlich lächerlichen Dreiviertelshorts den Frühstücksraum. Er verstand diese Hosen nicht: Sie waren weder lang noch kurz. In seiner Jugend wäre man für so ein Beinkleid verhauen worden. Und das nicht nur, weil damals alle uniform in Allround-Lederhosen steckten. Heute wollte man den Leuten weismachen, dass es sich bei diesen Zwischendrin-Hosen um Mode handelte. Für wen? Für Menschen, die sich nicht entscheiden konnten? Klar, manchmal war auch er sich nicht sicher, ob er den Lodenmantel anziehen sollte oder ob doch der Trachtenjanker ausreichte. Der Entschluss, eine kurze Hose anzuziehen oder nicht, fiel ihm dagegen denkbar leicht: Er besaß gar kein solches Kleidungsstück. Seitdem ihn Markus vor ein paar Jahren beim Rasenmähen in seiner letzten Jeansshorts aus den Achtzigern gesehen hatte und ihn daraufhin fragte, ob er denn für Hotpants nicht ein wenig zu alt sei, hatte er die kurzen Hosen samt und sonders ausgemustert und hielt sich seitdem an einen Grundsatz seines Vaters. Der hatte immer gesagt, dass Männerbeine dazu bestimmt seien, auf der Jagd zu rennen, allerdings der nach Tieren, nicht der nach Frauen. Kluftinger senior trug daher allenfalls Bundhosen aus Cord oder Leder mit den dazugehörigen Wadenstrümpfen, und so tat es Kluftinger von nun an ebenfalls.

Menschen in Dreiviertelhosen war also jede Schlechtigkeit zuzutrauen. Der Mann, der sich jetzt über das karge Buffet hermachte, war also mit ziemlicher Sicherheit der Gesuchte.

Wer sollte es auch sonst sein? Etwa das Damenduo in den Siebzigern, das sich am Nebentisch lautstark über Verdauungsprobleme und deren Lösung mittels Leinsamen unterhielt?

Schon eher das irgendwie grau wirkende Paar gegenüber, das sich jeden Morgen eine geschlagene Stunde lang anschwieg, stoisch eine Semmel nach der anderen in sich hineinschlang, um sich danach vier davon in Servietten einzupacken, bevor es in Richtung Ausgang schlurfte, sicher einem überaus fröhlichen Tag entgegen? Kluftinger hatte den Mann, dessen Schultern etwa so freudlos herunterhingen wie seine Mundwinkel, für sich Heinz-Günther getauft, auch wenn er damit all den lebenslustigen Heinz-Günthers vielleicht Unrecht tat. Jedenfalls hätten diese beiden mit ihrem Schleichgang leicht unbemerkt in das Zimmer neben seinem hinein- und wieder herauskommen und somit für das schreckliche nächtliche Szenario verantwortlich sein können. Was immer dort vorging, wer oder was auch immer daran beteiligt war, er musste es herausfinden. Warum hatte er nie eine Putzfrau dort hineingehen sehen, warum war nie ein Fenster offen, nur eben nachts, und warum brannte nie Licht?

Oder war es gar die Mittsechzigerin, die nebst braun gebranntem Freund – gut und gerne fünfzehn Jahre jünger – jeden Morgen in Radlerklamotten erschien und sich lautstark über den fehlenden Parmaschinken beschwerte, um dann den ganzen Tag in ihrem Sportdress auf der Liege im Garten zu fläzen und auf die Rückkehr ihres »Botho-Herzchens« zu warten?

Wenn er sich die Gäste hier so betrachtete, fragte er sich schon, ob er nicht einmal Erika nachgeben und seinen Urlaub von Südtirol in eine Region mit etwas weniger betagten Reisenden verlegen sollte. Nordsüdtirol vielleicht oder gleich einfach nur Tirol. Aber ob es dort besser war? Vielleicht würde auch schon der Wechsel aus der Frühstückspension Rosa in ein Zweisternehotel helfen. Andererseits kannte man ja gerade von Luxushotels die schlimmsten Geschichten: Diebesbanden, die nachts in die Zimmer einstiegen, brutale Morde samt abgeschnittener Finger, um an die Ringe zu kommen, Entführungen …

»Gehen wir jetzt heut mal wandern?«, unterbrach Erika seine Überlegungen.

»Schon wieder? Wir waren doch erst …« Er dachte nach, kam aber nicht auf den genauen Tag, »… neulich!«

»Vor sechs Tagen, um genau zu sein.«

Kluftinger schluckte, das war für einen Aufenthalt in einem Wanderhotel wirklich keine gute Quote.

»Weißt du, ich kenn mittlerweile die Boutiquen hier im Dorf in- und auswendig«, fuhr sie fort, »und ich fahr doch nicht in den Urlaub, um nur dauernd auf dem Bett rumzuliegen und zu lesen oder zu dösen! Und immer bin ich bloß allein unterwegs. Wenn das so ist, dann können wir auch gleich wieder heimfahren, da hab ich wenigstens was zu tun!«

Sollte er ihr endlich sagen, was ihn so beschäftigte? Ihr den Grund nennen, weshalb er morgens nicht aus dem Bett kam und abends nicht einschlafen konnte? Worum sich seine Gedanken den ganzen Tag drehten? Nein, er wollte den Fall erst lösen, das verlangte seine Berufsehre.

Wieder blickte er zum Buffet. Dort war gerade ein neuer Gast eingetreten. Ein unglaublich dicker Mann, dessen Anwesenheit hier in der Aktivpension sich Kluftinger noch weniger erklären konnte als seine eigene. Auch wenn der Mann diese neumodischen Trekkingsandalen trug – in Kluftingers Augen das Schuh-Äquivalent zur Dreiviertelhose –, glaubte er nicht, dass er sich häufiger auf ausgedehnte Wandertouren begab. Andererseits wollte er ihn auch nicht wegen seiner Körperfülle diskriminieren; gerade Kluftinger lag das völlig fern. Er seufzte. Er musste sich eingestehen, dass er keinen Anhaltspunkt hatte. Keinen einzigen.

Plötzlich lachte die eine der beiden Damen am Nebentisch mit einem Grunzlaut auf. Kluftingers Kopf fuhr so schnell herum, dass sein Nacken knackste und er einen stechenden Schmerz spürte.

Also doch eine Frau!

»Ist was?«, fragte Erika.

Ja, und ob etwas war. Er glaubte, die Fährte aufgenommen zu haben. Jetzt galt es nur noch, die Zimmernummer der Frau herauszufinden, um seine Annahme zu verifizieren. Er warf seine Serviette auf den Boden und robbte sich beim Aufheben so nah wie möglich an den Nachbartisch heran. Dort befand sich jedoch kein Schlüssel. Allerdings hatte er wohl etwas zu lange vor dem Tisch auf dem Boden gekniet, denn die beiden Frauen rutschten nun mit empörten Blicken von ihm weg. Er hätte ihnen gerne zu verstehen gegeben, dass Damen in ihrem Alter nun wirklich nichts von ihm zu befürchten hatten, aber das hätte seine Ermittlungen wohl kaum erleichtert.

Wenn sie den Schlüssel nicht bei sich hatten, hatten sie ihn wohl an der Rezeption abgegeben, vermutete er. Er entschuldigte sich knapp bei seiner ratlos dreinblickenden Frau, um das zu überprüfen. Wenn die beiden das Zimmer neben ihm hatten, dann hatte er die Verursacher ausgemacht, dann konnte es keine andere Erklärung geben. Denn dieses Grunzen …

»Sie möchten wissen, in welchem Zimmer die beiden älteren Damen wohnen? Und warum, wenn ich fragen darf?«

»Wissen Sie, ich …«, setzte der Kommissar zu einer Rechtfertigung an, wurde aber von seinem Gegenüber unterbrochen.

»Sie sind der Herr aus 15, oder?«, fragte der Portier – wobei dieses Wort für den beleibten Mann in dem zu knappen Schweißflecken-T-Shirt etwas übertrieben schien.

»Ja«, antwortete Kluftinger knapp.

»Ich glaub, ich muss mich bei Ihnen entschuldigen«, fuhr der Mann fort. Nun hatte er die Aufmerksamkeit des Kommissars.

»Sie? Warum?«

»Na ja, meine Frau hat mich rausgeschmissen, die hat's nicht mehr ausgehalten nachts«, begann er und rieb sich dabei unbehaglich den fleischigen Nacken. Kluftinger hatte noch keine Ahnung, wohin dieses Gespräch führen würde, und lauschte gespannt.

»Jedenfalls hab ich mir, weil ich nicht wusste, wohin ich sollte, ein Zimmer hier im Hotel … na ja, genommen. Die Chefin darf das nicht mitbekommen, die ist da ziemlich eigen.«

Kann man verstehen, dachte Kluftinger.

»Was ich sagen will: Falls ich Sie gestört haben sollte, ich meine …«

Plötzlich war Kluftinger alles klar. Es war keiner der Gäste gewesen. Natürlich, deshalb hatte er auch nie jemanden aus dem oder ins Zimmer gehen sehen, deshalb war auch die Putzfrau nie gekommen. Deswegen hatte er den Zimmerbewohner nicht vor Ort zur Rede stellen können. Jetzt passte alles zusammen. Dennoch ließ er den Mann weiterreden.

»Na, ich schnarche ja manchmal ziemlich heftig. Mit Apnoe und allem, was dazugehört. Ich hoffe, ich hab Ihnen dadurch keine durchwachten Nächte bereitet.«

Kluftinger sackte förmlich in sich zusammen.

»Nein, nein, keine Sorge«, entgegnete er und wischte kraftlos mit seiner Hand in der Luft herum. »Ich hab einen Schlaf wie ein … Toter.«

Der krönende Abschluss: Klufti kommt ins Fernsehen

Sie meinen, die Reisevorbereitungen seien das Schlimmste? Weit gefehlt – immerhin ist Kluftinger da nach wie vor an einem besseren Ort als die Wochen darauf – daheim nämlich.

So richtig schlimm wird es für Kluftinger erst, wenn er sich exponiert fühlt, wenn er das Gefühl hat, die anderen beobachten ihn, weil er da ist, wo er nicht hingehört – auswärts nämlich.

Da ist ihm jede Eitelkeit fremd (uns geht es da ein wenig anders), da würde er am liebsten ein kleines Türchen aufmachen und drin versinken und einen direkten Gang zu seinem Wohnzimmersessel graben oder wie Karlsson vom Dach seinen kleinen Rückenpropeller anschmeißen und durchs Fenster in sein Schlafzimmer fliegen.

Aber manchmal, da ist der Boden einfach zu steinig zum Graben und der Propeller springt nicht an. Dann prallen, wie beim »perfect Storm«, zu viele unheilvolle Strömungen zusammen. Und dann ergeben sich Situationen wie diese hier.

Johannes Allmayer, unser Film-Maier, gibt hier eine seiner beliebten Klüpfel-Parodien. Allmayer: »Das ist ganz einfach: Haare zerzausen, Riesenbrille auf und ein bisschen blöd daherreden – fertig ist der Autor.«

Film-Lodenbacher Hubert Mulzer tut sich mit seiner Kobr-Imitation schon etwas schwerer, vor allem, weil er im Vergleich zum Autor viel zu jung wirkt.

Ein hoher Preiß

»Bluatsakra!« Kluftinger quetschte den Fluch kaum hörbar zwischen seinen Zähnen hervor. So viele Akten wie selten türmten sich auf dem Schreibtisch des Kemptener Kriminalkommissars. Und jetzt das: Sein Chef hatte ihn aufgeregt in einen Raum mit vier fremden Menschen geführt, diese als Mitarbeiter des NDR vorgestellt und Kluftinger damit beauftragt, ihnen das Allgäu zu zeigen.

Das Allgäu zeigen? Kluftinger war doch kein Fremdenführer. Und schon gar nicht für Angestellte irgendeiner Versicherungs…

»Sie kennen ja sicher den Norddeutschen Rundfunk?« Die Frau mit dem eleganten Hosenanzug streckte ihm die Hand entgegen. Ihrem Auftreten nach zu urteilen, war sie die Chefin der Gruppe, dachte Kluftinger.

»Sicher, sicher, der … Nord-BR«, murmelte Kluftinger und sah sich Hilfe suchend zu seinem Chef um, der gerade mit einem aufmunternden Augenzwinkern aus dem Zimmer schlüpfte, das sonst als Vernehmungsraum genutzt wurde. Für Delinquenten. Und genauso kam sich Kluftinger gerade vor.

»Heinz, Hanno, Herbert, Hildegard«, sagte die dunkelhaarige Frau forsch und zeigte mit einer unbestimmten Handbewegung auf ihre Truppe.

Ha-ha-ha, dachte der Kommissar bitter.

»Toll, dass Sie sich bereit erklärt haben, uns zu helfen. Also … wir haben uns das so vorgestellt …«

Zehn Minuten später saß Kluftinger konsterniert an seinem Schreibtisch. Er ließ das Briefing – so hatte es die Frau vom Fernsehen genannt, ohne zu erklären, was das denn nun mit der Post zu tun habe – noch einmal Revue passieren. Er musste das tun, denn sie hatte viel zu schnell gesprochen. Sie kam eben aus Norddeutschland.

Den Allgäu sollte er ihr zeigen.

Priml! *Das* Allgäu hatte wirklich schon genug … Zug'reiste.

Eine Allgäuführung!

Anhand der Schauplätze seiner spektakulärsten Fälle!

Und Interviews mit ihm!

Er überlegte gerade, ob es ohne dienstrechtliche Verwicklungen möglich wäre, die Sache wegzudelegieren, da klingelte das Telefon. Es war seine Frau. Eigentlich rief sie an, um ihn an seinen Friseurbesuch zu erinnern. Und er? Erzählte ihr leichtfertig von der Sache mit dem Fernsehteam. Jetzt beharrte sie darauf, vorbeizukommen, um ihm für seinen »Auftritt« ein schöneres Sakko zu bringen.

Die Morgenlage-Besprechung, eigentlich eine langweilige Pflichtübung, war heute kaum auszuhalten. Die Kollegen überboten sich gegenseitig mit geistreichen Beiträgen, die immer damit endeten, dass sie sich mit einem Seitenblick zum Kamerateam vergewisserten, ob das auch alles eingefangen hatte. In diesem Moment vibrierte Kluftingers Handy in der Hosentasche zweimal, hörte dann auf, um noch dreimal Signal zu geben: Ein Zeichen, das er mit seiner Frau vereinbart hatte, das je nach Situation hieß: *Kannst kommen!, Kannst was erleben!*, oder wie jetzt: *Bin da!* Kluftinger war stolz auf diese Idee, die es ihm ermöglichte, mit dem Handy zu kommunizieren, ohne dass dabei Verbindungskosten anfielen. Er ging nach draußen, schlüpfte in das Sakko, ließ sich von seiner Frau noch den Kragen richten und betrat erneut den Raum.

»Wo waren wir …«

»Entschuldigung, so geht das aber nicht«, unterbrach ihn Hildegard.

»Hä?«

»Das Sakko!«

»Ja, das ist mein gutes, meine Frau …«

»Sie müssen wieder das andere anziehen.«

»Was?«

Hildegard verdrehte die Augen und sagte: »Das sieht sonst im Fernsehen aus, als hätten sie ein magisches Wechsel-Jackett an. Also: das andere, bitte. Das eben können wir ja rausschneiden.«

Zehn Minuten später saßen sie zu fünft in einem weißen Van und fuhren durch die Kemptener Innenstadt – der Kommissar wie gewünscht in jenem Jackett, das er sein »Alltagssakko« nannte, im Gegensatz zu seinem »Abends-unter-der-Woch-Sakko« und seinem »Auf-d'r-Wanz-Sakko«. Kluftinger kam sich ein bisschen vor wie der Mann in dem Loriot-Sketch, dem mit der Boutique und dem Papst, so oft musste er denselben Satz wiederholen, und immer hatten die Fernsehleute etwas auszusetzen. Mal fuhr er zu schnell, mal zu langsam, dann schaute er zu wenig natürlich, schließlich nuschelte er zu arg.

Wortlos parkte der Kommissar den Wagen vor der imposanten barocken Basilika Sankt Lorenz und stellte den Motor ab. Er hatte einen hochroten Kopf.

»So, jetzt hört's ihr mir einmal gut zu«, setzte er schnaubend an, »ich hab mich breitschlagen lassen, mit eurem Karren rumzugurken. Aber reden darf ich schon so, wie ich es wollen tu, gell? Wenn ihr jemand rumkommandieren wollt's, könnt's ihr ja einen von diesen ganzen … Allgäukrimis da verfilmen. Aber dann bittschön ohne mich. Und wenn der Preiß mich nicht versteht, dann schreibt's halt Untertitel hin!«

Kluftinger hielt inne, holte Luft und sah aus dem Fenster. Er erwartete, dass die Fernsehleute ihre Sachen packen und er sich in Lodenbachers Büro wiederfinden würde, doch nach einer langen Pause sagte Hildegard: »Habt ihr das? Danke, Herr Kluftinger, das war ganz außerordentlich authentisch. Haben Sie vielleicht jetzt ein paar Kühe für uns?«

Die nächste Viertelstunde – sie waren auf der Fahrt nach Füssen – verlief schweigend. Kluftinger schaltete das Radio ein. Ein tiefer Seufzer von Heinz, dem Tonmann, ließ ihn in den Spiegel sehen.

»Kein Radio?«

Heinz schüttelte nur den Kopf. Kluftinger schaltete die Musik wieder aus.

»Erzählen Sie uns doch mal was über Füssen«, schaltete sich Hildegard ein.

Je mehr er erzählte, desto mehr geriet er ins Schwärmen: vom Alatsee, dem herrlichen mystisch düsteren Gewässer oberhalb von Füssen, der »blutende See«, wie ihn die Einheimischen nannten, mit seinen vielen Geheimnissen, der seltsamen roten Algenschicht, den Wehrmachts-Technik-Versuchen und dem amerikanischen Sperrgebiet. Allerdings war der Anlass, der ihn dorthin geführt hatte, wenig erfreulich gewesen: Ein lebloser Taucher im Schnee war Auftakt zu einem mysteriösen Fall gewesen.

Als er geendet hatte, blieb es wieder für einen Moment still. Dann strahlte Hildegard: »Das, Herr Kluftinger, war Spitzenmaterial. Absolut sendefähig und verwertbar. Bitte machen Sie genauso weiter. Und keine Angst, wenn's zu allgäuerisch wird: Das können wir dann rausschneiden.«

Kluftinger nickte. Bitte!, hatte sie gesagt. So ließ er sich das schon eher gefallen.

Eine Stunde später hatten sie den Dreh am Alatsee beendet – allerdings ohne Kühe, wie Hildegard enttäuscht bemerkte.

»Und jetzt? Wenn wir schon mal in Füssen sind, wollt's ihr noch nach Neuschwanstein?«

»Also, wenn ihr mich fragt«, sagte der Tonmann, »ich hätte einen mörderischen Kohldampf. Kann man beim Schloss was essen?«

»Nein«, versetzte Kluftinger schnell, »beim Schloss nicht. Da essen höchstens die Preißen.« Kluftinger stach der NDR-Aufkleber auf dem Armaturenbrett ins Auge. »Also, und die anderen Touristen halt, die wir hier so … gern empfangen.«

»Gibt es denn beim Schloss keinen spektakulären Kriminalfall?«, erkundigte sich Hildegard.

Kluftinger grinste: »Allein die Souvenirs, die da verkauft werden, sind ein Verbrechen an der Menschheit. Aber sonst … eigentlich nichts Spezielles.«

»Dann lassen wir das. Wir bräuchten übrigens noch eine Liste schöner Orte von Ihnen …«

»Also, ich wär als Nächstes mit Ihnen nach Buxheim gefahren.«

»Buxheim?«

»Bei Memmingen. Da gibt's eine Kartause mit einem einmalig schönen Chorgestühl. Und eine Figur daraus hat in meiner bisher spektakulärsten Mordserie eine wichtige Rolle gespielt.«

Mit leuchtenden Augen sagte Hildegard: »Na, dann legen Sie mal los.«

Als sie Buxheim wieder verließen, wussten die Filmleute alles über die geheimnisvollen Morde, begangen nach dem Vorbild von Allgäuer Sagen, und von der geschnitzten Figur im Chorgestühl, die dem Mörder als Symbol diente. Da es auf dem Weg lag, hatten sie auch noch die Basilika Ottobeuren »mitgenommen«, wie Hanno gesagt hatte, eine spätbarocke, gewaltige Klosterkirche, in der immer die weltberühmten klassischen Konzerte stattfanden – jedenfalls hatte Kluftinger das gehört. Denn seit er einmal einen Kammermusikabend bei Langhammers über sich ergehen lassen musste, war er, was Klassik betraf, für den Rest seines Lebens bedient.

Als sie weiterfahren wollten, drohte Hanno damit, die Arbeit niederzulegen, wenn man nicht endlich einen Imbiss nähme. Mit dem Versprechen, es gebe unterhalb der Kirche ein Gasthaus mit einmalig guten Bratwürsten, machte Kluftinger auch den anderen den Mund wässrig. Alle wollten die Spezialität des Hauses probieren, nachdem Kluftinger versichert hatte, Kässpatzen seien zwar ein typisches Allgäuer Schmankerl, aber die würde er heute Abend noch von seiner Frau bekommen, und überhaupt gebe es manchmal auch noch was Besseres.

»Was soll … das denn sein?« Die Bedienung hatte ihnen gerade ihre Speisen und Getränke hingestellt und wünschte »an Guat'n« – mit deutlichem osteuropäischem Zungenschlag. Hildegard blickte entsetzt auf ihren Teller.

»G'schwollene halt.«

Die Nennung des Namens erwies sich als kontraproduktiv, Hildegards Ekel vor dem auf ihrem Teller liegenden Essen zu mildern. Kluftinger runzelte die Stirn. Er hätte ihnen doch sagen sollen, was man hier unter Bratwürsten verstand: weiße Gebilde ohne Pelle aus fein gemahlenem Brät, von einer Konsistenz, die ihrem Namen alle Ehre machte.

»Ja und?«, sagte Kluftinger und überspielte damit sein Schuldbewusstsein. »Sie wollten doch Kühe: Jetzt ham S' welche. Aufm Teller!«

Alle Versuche Kluftingers, seine nicht gerade sensiblen Worte beim Essen durch besonders intensive Mithilfe beim Drehen wieder wettzumachen, scheiterten. Die Atmosphäre blieb vergiftet.

»Das schneiden wir dann raus«, bellte Hildegard bei jedem noch so kleinen Versprecher Kluftingers vorwurfsvoll, und so entschloss sich der Kommissar, ihnen die Ortsliste zu schreiben und dann das Weite zu suchen. Hildegard nahm den Zettel mit einem knappen »Danke!« an sich und begann halblaut zu lesen: »Eistobel, Knappendorf Burgberg, Dengelstein, Gogglwirt in Bettrichs.«

»Ah, Moment«, sagte Kluftinger, nahm das Blatt noch einmal an sich, kritzelte etwas darauf und gab es ihr zurück.

»Und Berge«, las Hildegard. Dann sah sie ihn mit einer Mischung aus Unverständnis und Zorn an: »Aber Herr Kluftinger, das ist ja wieder alles ohne Kühe. Wenn wir den Menschen den Allgäu zeigen wollen, dann erwarten die Kühe von uns.«

Kluftinger holte schon zu einer Retourkutsche Luft, da hatte er eine Idee. »Also gut«, sagte er, »fahrt's mir nach. Ich bring euch zu euren Kühen.«

Zehn Minuten später standen sie vor einem großen Hof unweit von Kluftingers Wohnhaus. Der Kommissar hatte den Besitzer von ihrer Ankunft informiert.

»Haben die Kühe auch so tolle Kränze auf dem Kopf?«, fragte Hildegard voll freudiger Erwartung.

»Sicher«, gab Kluftinger knapp zurück.

Dann bedeutete er ihnen, ihm zu folgen. Sie gingen durch das Wohnhaus, die Waschküche, den Keller, wieder nach oben – und standen plötzlich in einem riesigen Stall.

Kluftinger drehte sich um und grinste. Hildegard blickte verständnislos zurück. »Und wo sind die Wiesen? Das ist ja nur ein stinkender Stall!«

»Den können sie später ja rausschneiden«, entgegnete Kluftinger. Dann drehte er sich um und ging.

Das Gruselkabinett der Spurensicherung bei der Allgäuer Kripo – glauben Sie bloß nicht, dass in den Einmachgläsern Essiggurken oder Kirschen für die Brotzeit sind!

Zu guter Letzt:
Das ist ein Regionalkrimi

Fremdgehende Pfarrer, korrupte Bürgermeister und zwielichtige Bauspekulanten seien notwendige Ingredienzien eines Regionalkrimis – so stand es in einer großen deutschen Tageszeitung zu lesen. Wobei nicht geklärt wurde, mit wem die Pfarrer eigentlich fremdgehen sollen, jedenfalls die katholischen.

Aber lassen wir das dahingestellt. Es wirft für uns ein Problem auf: Obwohl wir immer wieder in die Schublade der Regionalkrimischreiber gesteckt werden, sind wir offenbar keine. Denn nichts von den oben genannten Dingen findet sich in unserem bescheidenen Œuvre. Nicht einmal ein Hirschgeweih oder eine karierte Tischdecke auf unseren Buchumschlägen.

»Was tun?«, dachten wir uns. Uns weiterhin gegen diese Qualifizierung wehren? Immer wieder erklären, dass doch Ystad auch ein Provinznest ist und Venedig nicht der Nabel der Welt? Nein, das erschien uns zu einfach und zu monoton zugleich.

Also gab es nur einen Ausweg: Wir mussten einen schreiben.

Also: einen Regionalkrimi.

Mit allem, was drin sein muss.

Und noch mehr.

Hier ist er:

Der Sichelgruber Xaver war dankbar, in einer so wunderschönen Idylle leben zu müssen.

Der Hartmannsberger Hans war der Dirigent der Blaskapelle, in der alle Männer des Dorfes spielten.

Alpenglühen auf der Grasnarbe

Ein Berg-, Heimat-, Provinz-, Kuh- und Wald- und Wiesenkrimi

Es war einer dieser wunderschönen, idyllischen Tage, wie sie es in dieser Vollkommenheit nur im Allgäu gibt: Sattgrüne Grashalme wiegten sich auf den Wiesen im sanften Wind, ein weißblauer Himmel spannte sich über diesen sattgrünen Wiesen, und leises Geläute der Kuhglocken schallte von weiter entfernten sattgrünen Wiesen herüber. Das Allgäu präsentierte sich wie ein Postkartenmotiv, was aber nicht verwunderlich war, denn es war hier immer schön, regnete nie, das war vor vielen Jahren in einer Alpenromanidylle-Verordnung so festgelegt worden.

Dankbar, in einer so wunderschönen Idylle leben zu müssen, machte sich der Sichelgruber Xaver vergnügt pfeifend auf den Weg, um seine sattgrünen Wiesen zu düngen. Er fuhr auf seinem alten Fendt-Bulldog über seine Ländereien, winkte seinen Kühen zu, die glücklich auf den sattgrünen Wiesen weideten, und bog schließlich vom Feldweg ab.

Doch schon nach wenigen Metern versiegte der Güllestrom aus seinem Fass und der Sichelgruber Xaver stoppte den Bulldog. Er kratzte sich am Kopf und sprach laut zu sich selbst: »Also, Sichelgruber Xaver, was ist denn jetzt da los? Da stimmt doch was nicht.«

Dann stieg er auf das Bschüttfass und sah hinein. Er erstarrte, als würde er zu einer eisernen Säule … erstarren. Denn eine Leiche verstopfte das Bschüttrohr. Als er den Schock verdaut hatte, dass sein Bschüttfass durch die Leiche vielleicht beschädigt worden sein könnte und er wieder klar denken konnte, sprach er erneut laut in die Stille hinein: »Ja Unterleitner Sepp, du bist ja vielleicht zugerichtet!«

Und tatsächlich: Der Brustkorb vom Unterleitner Sepp war von einer Mistgabel durchbohrt worden, in seinen Hals schnitten sich die darumgewickelten ledernen Hosenträger seiner krachledernen Lederhose und aus seinem Rektum schaute die Spitze eines Alphorns hervor.

Der Sichelgruber Xaver ließ den Eindruck lange auf sich wirken, dann holte er tief Luft und sagte: »I glaub, der isch hi.«

Eine halbe Stunde später fuhr der Sichelgruber Xaver mit seinem Bulldog und dem Bschüttfass mitsamt dem Unterleitner Sepp vor der Polizeistation von Mariaöd vor, wo Kommissar Kaltengruber Konrad gerade von seiner Sekretärin, der Zeiler Centa, mit einem Teller Kässpatzen gefüttert wurde. Sie hatten etwas zu feiern: Kommissar Kaltengruber Konrad hatte vor Kurzem einen Fall von Wilderei aufgeklärt, was dadurch erleichtert worden war, dass der örtliche Metzger plötzlich »natürlich erzeugtes Hirschfleisch, Fuchsschwanzsalat und Eichhörnchenfilet« im Angebot hatte.

Als der Sichelgruber Xaver dem Kommissar Kaltenberger … Schmarrn: -gruber Konrad jedoch seinen Fund zeigte, verschwand dessen Feierlaune. Allerdings nicht sein Appetit, denn ein Allgäuer muss allerweil etwas essen.

»Ich ruf gleich mal die Spusi an«, trällerte die Zeiler Centa mit verliebten Augen zum Kaltengruber Konrad hinüber. Der stand mit seinem Kässpatzenteller beim Bschüttfass, dachte lange nach und sagte dann mampfend: »Ich glaub, einen Selbstmord können wir ausschließen.«

»Also, Kommissar Kaltengruber, das deutet ja wohl eindeutig auf einen Zusammenhang mit der geplanten Umgehungsstraße hin, oder?« Die Lokaljournalistin Sigrid Schneppe hatte sich mit all ihrer Körperfülle vor dem Polizisten aufgebaut und sah ihn herausfordernd an.

Kommissar Kaltengruber Konrad seufzte. Er wusste nicht, wie sie herausgefunden hatte, dass es einen Mord in Mariaöd gab, er wusste nicht, woher sie wusste, dass er zum Unterleitnerhof gefahren war, und am allerwenigsten wusste er, warum jedes noch so kleine Kuhkaff in Regionalkrimis immer eine eigene Zeitungsredaktion hatte. Aber es war nun einmal so und er musste sich damit abfinden.

»Sie wissen schon, dass der Unterleitner, der super Ökobauer, seine Ländereien nicht hergeben wollte für den Bau der Umgehungsstraße, oder?«, fragte Sigrid Schneppe genauso schnippisch, wie es für Frauen ihrer Herkunft typisch war – sie kam aus Norddeutschland.

Ihre Schnippigkeit wurde immer wieder unterbrochen vom Schluchzen der Unterleitner Susi, der Frau vom Unterleitner Sepp, die neben ihnen stand und enorm stark trauerte.

Kommissar Kaltengruber Konrad verzog das rot geäderte Gesicht und rieb sich die Schnapsnase: »Ich wär' an Ihrer Stelle mal nicht so forsch«, blaffte er bellend und kickte mit seinen derben Bergschuhen ein paar sattgrüne Grashalme zur Seite. »Sie sind auch verdächtig.«

»Was?«, protestierte Sigrid Schneppe und stemmte die Hände in die ausladenden Hüften. »Ich? Verdächtig?«

»Ja, meinen Sie vielleicht, ich weiß nicht, dass Sie das uneheliche Kind vom Unterleitner senior sind? Und damit die uneheliche Schwester vom Sichelgruber Xaver?«

»Was?«

»Nein, ich mein vom Unterleitner Sepp.«

»Ja eben.«

»Sehen Sie, jetzt geben Sie es zu.«

»I wo! Ich komme doch aus Hamburg.«

»Ja, aber damals, als der Sichelgruber, Schmarrn, der Unterleitner senior, Herrgott, immer diese depperten Dorfnamen, als der also mit der Jungbauernschule auf Abschlussfahrt auf der Reeperbahn war, war er halt seiner Alten, die was damals noch gar nicht so alt war, nicht so ganz treu, gell? Und das macht Sie jetzt wiederum zur rechtmäßigen Miterbin des Unterleitnerhofs.«

Die Unterleitner Susi schluchzte laut auf.

Sigrid Schneppe war bleich geworden. »Aber das können Sie doch unmöglich wissen, davon hat doch nie jemand erfahren, dafür hätten Sie doch zumindest erst mal recherchieren müssen.«

»Ja so ein Schmarrn, dafür ist doch keine Zeit, das ist doch nur ein Kurzkrimi. Woher ich das weiß, tut nix zur Sache.«

In diesem Moment wurden sie vom Knattern eines alten Kreidler-Mopeds unterbrochen, auf dem der Dorfpfarrer mit wehender Soutane heranbrauste.

»Gelobt sei Jesus Christus«, sagte er milde lächelnd, als er auf sie zuging. Die Unterleitner Susi stürzte auf ihn zu und umarmte ihn heftig liebevoll. Ein bisschen zu heftig liebevoll, wie Kommissar Kaltengruber Konrad bemerkte.

»Was machen Sie denn da heroben, Hochwürden?«

»Ich muss mich doch um meine trauernden Schäfchen kümmern.«

»Ja, aber die haben doch da nur Kühe?«

»Jetzt ist nicht die Zeit zum Scherzen, mein Sohn.«

In diesem Moment klingelte das Handy des Polizisten. »Kommissar Kaltengruber Konrad? Ah, die Spusi.«

Die Stimme am anderen Ende sagte: »Es deutet alles darauf hin, dass der Unterleitner Sepp in der Nähe der Bschüttgrube umgebracht worden ist.«

»Aha, und wie habt ihr das herausgefunden?«

»Wie? Hm … also … das tut jetzt nix zur Sache.«

»Au recht, dankschön.« Er legte auf. »Wir haben einen Tatort, da sollten wir uns mal hinbegeben.«

Als sie sich allesamt um die Bschüttgrube versammelt hatten, bimmelte es ganz furchtbar arg. Der Kaltengruber Konrad drehte sich um und sah in die kuhäugigen braunen Augen der braunen Kühe. Aber es waren nicht nur ihre Glocken, die bimmelten, sondern auch die Fahrradglocke vom Hartmannsberger Hans, der gerade durch die angrenzenden sattgrünen Wiesen auf den Hof fuhr. Der Hartmannsberger Hans war der Dirigent der Blaskapelle, in der alle Männer des Dorfes spielten. Außerdem waren sie alle bei der Feuerwehr und Fußball spielten sie auch alle miteinander. Nur der Sichelgruber Xaver wollte aus ökologischen Gründen nicht bei Flutlicht spielen, schließlich war er ja Biobauer.

»So, wo ist denn die Susi?«, fragte der Hartmannsberger Hans pfeifend in die Runde.

Alle sahen ihn fragend an und deuteten auf den alten, verfallenen Stadel, in dem die Bschüttpumpe stand, an den die Unterleitner Susi gelehnt dastand und recht erbärmlich wimmerte.

»Du, Susi«, schrie der Hartmannsberger Hans zu ihr hinüber, »ich wollt einmal mit dir über die musikalische Umrahmung bei der Beerdigung vom Sepp reden. Aber Alphorn kann ich keins spielen, ich find mein Mundstück grad nicht, das muss ich neulich bei euch vergessen haben.«

Dann wandte er sich an den Kommissar Kaltengruber Konrad.

»So, Kaltengruber Konrad, hat's den Öko-Sepp jetzt derbröselt, ha? Ist das wegen der Umgehungsstraß'?«

Kommissar Kaltengruber Konrad überlegte. Jetzt war das

schon der zweite Hinweis in der Richtung. »Zu den Ermittlungen kann ich nix sagen.«

Jetzt meldete sich die gescheite Journalistin wieder zu Wort: »Aber rufen Sie doch mal den Bürgermeister an, der soll herkommen und Ihnen sagen, wie es mit der Umgehungsstraßenplanung gerade aussieht.«

»Warum soll er denn dann herkommen?«, wollte der Kommissar wissen.

»Das tut jetzt nix zur Sache«, gab die Schneppe schnippisch zurück.

Eine Viertelstunde später sahen alle über die sattgrünen Wiesen des Unterleitner Sepp, also jetzt der Unterleitner Susi, musste man ja sagen, und bestaunten das allabendliche Alpenglühen.

Auf einmal zerriss eine Dreitonfanfare das idyllische Bimmeln der Kuhglocken und das Summen der Bienen, die gerade fleißig ihren Nektar heimtrugen. Kurz darauf bog, gefolgt von einer mächtig staubigen Staubwolke, die Stretchlimousine vom Löwenberger Ludwig, dem Bauunternehmer, den man nur den Baulöwen nannte, seitdem er den Zuschlag für alle gemeindlichen Bauprojekte für die nächsten fünfzig Jahre zugesagt bekommen hatte. Da haben schon manche gemeint, dass das vielleicht im Detail nicht gänzlich sauber abgelaufen sein könnte, aber gesagt hat niemand nie nichts.

Nachdem das Auto mit quietschenden Reifen auf dem Hof gebremst hatte, ging die Fahrertür auf, und dem Wagen entstieg der Waldgruber Charlie. Der Waldgruber Charlie, ein stiernackiger Glatzkopf, war ein mordsmäßiger Schrank und Bodybuilder und der Fahrer vom Baulöwen. Am Wochenende machte er auch den Türsteher bei der Dorfdisco. Und letztes Jahr hatte er den Maibaum ganz allein aufgestellt.

Er blickte grimmig unter seiner verspiegelten Sonnenbrille hervor zur Bschüttgrube, ging um das Auto herum, was ja ganz schön lange dauerte, dann machte er die hintere Tür auf und heraus kamen der Löwenberger, in einem weißen Anzug, ein Champagnerglas in der Hand, und sein bester Freund, der Waidmannshofer Georg, seines Zeichens Bürgermeister von Mariaöd, in einem Trachtenanzug nebst Gamsbart-Hut, wie ihn im Allgäu alle Bürgermeister tragen. Um den Hals hing wie immer seine Amtskette.

»Ich würde mal sagen, hier kommen die beiden Hauptverdächtigen in unserem Fall«, bemerkte die Schneppe, als die beiden Neuankömmlinge an der Bschüttgrube angekommen waren. »Schließlich verdienen Sie beide am meisten mit der Umgehungsstraße! Ein einziger Filz ist das hier und die reine Amigowirtschaft.«

»Aber das ist doch nichts Schlimmes«, säuselte der Pfarrer, »denn Amigo bedeutet Freund, und was gibt es Schöneres auf der Welt als Freundschaft.« Dann segnete er den Löwenberger, der ihm für die neue Kirchenglocke einen ganzen Batzen Geld gespendet hatte.

»Ja, genau, der Löwenberger Luggi war's, die Drecksau!«, entfuhr es dem Dirigenten auf einmal wenig musikalisch.

»Du musst reden«, verteidigte sich der Baulöwe, ohne seine Sonnenbrille abzunehmen, und nippte an seinem Champagnerglas. »Schließlich war der Sepp scharf auf dein Amt und heut Abend hätt er gegen dich kandidiert als Vorstand der Blaskapelle.«

»Jetzt beruhigt's euch doch«, griff der Bürgermeister ein. »Der Unterleitner Sepp hat gestern seine ganzen Wiesen der Gemeinde überschrieben.«

»Um Gottes willen«, meldete sich mit schriller Stimme die Unterleitner Susi, die nun fertig geschluchzt hatte, »was wär denn dann aus unsren Kühen geworden? Der Senta, der Luna, der Zenzi, der Mona, der Silke, der Johanna?«

»Susi, die sind schon alle verkauft an den Fleischgroßhändler, den Wollwurschthofer Wolfi.«

Die Susi sah zu ihren Kühen, die heftig mit ihren Glocken bimmelten und dann zu Boden sahen.

Auf einmal tönte aus dem Handy vom Kommissar Kaltengruber Konrad die Titelmelodie vom Musikantenstadel. »Ja, hier Kommissar Kaltengruber Konrad?«

»Hier die Spusi!«

»Ah, die Spusi. Was gibt's?«

»Wir haben am ganzen Sepp Kuhhaare gefunden und er war ganz abgeschürft. Wie wenn jemand mit Kuhhaaren mit ihm gekämpft hätte. Und noch was! Der Sepp hat sich das Alphorn selber … quasi …«

»Aha! Woher wisst ihr denn das?«

»Das tut jetzt nix zur Sache!«, sagte der Spusi-Mann und legte auf.

Noch bevor der Kommissar Kaltengruber Konrad etwas sagen konnte, knatterte der alte Fendt vom Sichelgruber Xaver auf den Hof. Der Xaver, noch immer im Stallg'wand und mit braunem Cordhut, lief auf die Menschenmenge an der Bschüttgrube zu. In der Hand hielt er eine Kuhglocke.

»Schaut's«, rief er, »was ich noch im Bschüttfass gefunden hab!«

Alle Augen blickten zuerst auf die Kuhglocke, dann auf den Sichelgruber Sepp, dann kam ihnen die Zenzi in den Sinn, die Kuh vom Unterleitner Sepp, deren Glocke seit gestern fehlte. Hatte am Ende die Zenzi …

Als sie sich umdrehten, merkten die Anwesenden, dass die Kühe alle dicht hinter ihnen einen Halbkreis gebildet hatten, ihre Glocken hatten sie vorher abgenommen, damit sie nicht mehr bimmelten.

»Himmelarsch«, entfuhr es dem Kommissar Kaltengruber Konrad noch, dann setzten sich die Kühe in Bewegung und stießen alle in die Bschüttgrube, wo sie elendiglich verrecken mussten.

Und zum melodischen Glockengeläut der auf der sattgrünen Wiese friedlich grasenden Kühe ging über dem Unterleitnerhof die Sonne unter.

Volker Klüpfel, Michael Kobr

Seegrund

Kluftingers dritter Fall. 352 Seiten. Piper Taschenbuch

Am Alatsee bei Füssen macht der Allgäuer Kommissar Kluftinger eine schreckliche Entdeckung – am Ufer liegt ein Taucher in einer riesigen roten Lache. Was zunächst aussieht wie Blut, entpuppt sich als eine seltene organische Substanz aus dem Bergsee. Kluftinger, der diesmal bei den Ermittlungen sehr zu seinem Missfallen weibliche Unterstützung erhält, tappt lange im Dunklen. Der Schlüssel zur Lösung des Falles muss tief auf dem Grund des sagenumwobenen Sees liegen …
Kluftingers dritter Fall von dem erfolgreichen Allgäuer Autoren-Duo Volker Klüpfel und Michael Kobr.

»Kommissar Kluftinger hat in seinen Kniebundhosen das Zeug zum Columbo von Altusried!«
Die Welt

05/2375/01/L

Volker Klüpfel, Michael Kobr

Laienspiel

Kluftingers vierter Fall. 368 Seiten. Piper Taschenbuch

Lodenbacher, der Chef von Kommissar Kluftinger, tobt. Ausgerechnet bei ihnen im schönen Allgäu hat sich ein Unbekannter auf der Flucht vor der österreichischen Polizei erschossen. Verdacht: Er plante einen terroristischen Anschlag. Bloß wo? Nun muss Kluftinger nicht nur mit Spezialisten des BKA, sondern auch noch mit den Kollegen aus Österreich zusammenarbeiten. Doch das ist nicht sein einziges Problem. Er soll mit seiner Frau Erika und dem Ehepaar Langhammer einen Tanzkurs absolvieren. Gleichzeitig steckt er mitten in den Endproben für die große Freilichtspiel-Inszenierung von »Wilhelm Tell« …
Kluftingers vierter Fall von dem Allgäuer Autoren-Duo Volker Klüpfel und Michael Kobr.

»Kommissar Kluftinger ist ein höchst plastischer, liebenswert eigenwilliger Ermittler, wie es im Kriminalroman auch international nur wenige gibt.«
Vanity Fair

05/2413/01/R

PIPER

Ferdinand von Schirach
Der Fall Collini

Roman. 208 Seiten. Gebunden

Vierunddreißig Jahre hat der Italiener Fabrizio Collini als Werkzeugmacher bei Mercedes-Benz gearbeitet. Unauffällig und unbescholten. Und dann ermordet er in einem Berliner Luxushotel einen alten Mann. Grundlos, wie es scheint. Der junge Anwalt Caspar Leinen bekommt die Pflichtverteidigung in diesem Fall zugewiesen. Was für ihn zunächst wie eine vielversprechende Karrierechance aussieht, wird zu einem Alptraum, als er erfährt, wer das Mordopfer ist: Der Tote, ein angesehener deutscher Industrieller, ist der Großvater seines besten Freundes. In Leinens Erinnerung ein freundlicher, warmherziger Mensch. Wieder und wieder versucht er die Tat zu verstehen. Vergeblich, denn Collini gesteht zwar den Mord, aber zu seinem Motiv schweigt er. Und so muss Leinen einen Mann verteidigen, der nicht verteidigt werden will. Ein zunächst aussichtsloses Unterfangen, aber schließlich stößt er auf eine Spur, die weit hinausgeht über den Fall Collini und Leinen mitten hineinführt in ein erschreckendes Kapitel deutscher Justizgeschichte …

01/1968/01/R